2020—2021年中国工业和信息化发展系列蓝皮书

2020—2021年
中国工业技术创新发展蓝皮书

中国电子信息产业发展研究院　编　著

乔　标　主　编

何　颖　曹　方　副主编

电子工业出版社
Publishing House of Electronics Industry
北京·BEIJING

内 容 简 介

本书对 2020 年中国及世界其他主要国家的工业技术创新发展态势、创新热点进行了梳理，从重点行业和区域上分析工业技术创新发展情况，解读产业政策，并对 2021 年工业技术创新发展形势进行预判。全书分为综合篇、行业篇、地方篇、政策篇、展望篇五个部分。

"综合篇"对国际、国内工业技术创新发展情况进行多角度的全面描述，并分析了 2020 年工业技术创新热点；"行业篇"分析了国内主要工业行业的总体情况、主要问题，并给出对策建议；"地方篇"对工业技术创新特色地区进行了发展回顾和发展案例介绍；"政策篇"描述了政策环境，并对重点政策进行了解读；"展望篇"分析了工业行业技术创新、工业质量、工业品牌的发展形势，并给出了对策建议。

本书可为政府部门、相关企业，以及从事相关政策制定、管理决策和咨询研究工作的人员提供参考，也可供对工业行业创新感兴趣的读者学习。

未经许可，不得以任何方式复制或抄袭本书之部分或全部内容。
版权所有，侵权必究。

图书在版编目（CIP）数据

2020—2021 年中国工业技术创新发展蓝皮书 / 中国电子信息产业发展研究院编著；乔标主编. —北京：电子工业出版社，2021.11
（2020—2021 年中国工业和信息化发展系列蓝皮书）
ISBN 978-7-121-23697-6

Ⅰ. ①2… Ⅱ. ①中… ②乔… Ⅲ. ①工业技术－技术革新－研究报告－中国－2020-2021　Ⅳ. ①F424.3

中国版本图书馆 CIP 数据核字（2021）第 238859 号

责任编辑：宁浩洛
印　　刷：中煤（北京）印务有限公司
装　　订：中煤（北京）印务有限公司
出版发行：电子工业出版社
　　　　　北京市海淀区万寿路 173 信箱　　邮编：100036
开　　本：720×1 000　1/16　印张：13.25　字数：294 千字　彩插：1
版　　次：2021 年 11 月第 1 版
印　　次：2021 年 11 月第 1 次印刷
定　　价：218.00 元

凡所购买电子工业出版社图书有缺损问题，请向购买书店调换。若书店售缺，请与本社发行部联系，联系及邮购电话：(010) 88254888，88258888。
质量投诉请发邮件至 zlts@phei.com.cn，盗版侵权举报请发邮件至 dbqq@phei.com.cn。
本书咨询联系方式：(010) 88254465，ninghl@phei.com.cn。

前言

　　创新作为引领经济发展的第一动力，是建设现代化经济体系的战略支撑。2020 年初，新冠肺炎疫情在全球范围内的大规模暴发严重阻碍了全球经济的发展，百年未有之大变局进入加速演变期。为了更好地应对世界经济增速放缓，主要发达国家纷纷出台国家级创新战略，争相布局人工智能、量子通信等新兴技术领域，旨在通过推动工业技术创新尽快使各行业复工复产并支撑引领经济发展。2021 年是我国"十四五"规划的开局之年，也是全面建设社会主义现代化国家新征程的起始之年。新形势下，工业技术创新将成为整个"十四五"时期我国产业发展的战略重点。

一

　　世界各国高度重视工业技术创新，重点布局人工智能、量子通信、智能机器人等战略性领域，加速突破人工智能技术、量子技术、生物技术等战略性前沿技术；发布工业数字化相关政策，推进工业数字化转型；提出碳中和等关键目标，推动行业绿色化改造，加快工业质量升级步伐；加强工业品牌建设工作，积极竞选全球最具价值品牌，打造世界闻名的高价值工业品牌，全面提升国际竞争力，提高国际竞争话语权，抢占全球科技竞争制高点。绿色制造体系建设、绿色产品设计、行业绿色化改造等成为世界工业发展的焦点和工业质量升级的必然趋势。

2020 年，在新冠肺炎疫情大规模暴发与新一轮科技革命深入演进的叠加影响下，世界正经历百年未有之大变局，各国高度重视对工业科技创新的前沿布局，致力于通过科技创新在全球竞争中赢得话语权。美国政府提出《无尽前沿法案》，推动美国科技创新体制与机构进行革新，明确了先进通信、人工智能、机器人等重点领域的研发方向，加大对制造业创新中心、区域技术中心等科研机构的投入，加速推进美国工业科技创新的发展，致力于巩固美国在科技创新方面的领导地位。日本建立"登月型研发制度"，聚焦人工智能与机器人领域，构建了科学细致的研究框架，指明了未来相关发展路径。同时，日本发布《2020 科学技术白皮书》，预测未来具备战略性与决定性的关键新技术，推进工业科技创新前沿发展。德国发布《国家氢战略》《国家生物经济战略》《研究和创新框架计划 2021—2024》、新版《人工智能战略》等政策文件，加大对重点领域科技创新的投入，旨在占据重点领域科技领先地位，赢得未来关键技术主导权。韩国发布《2020 年度科技工作计划》，明确要构建信息共享和全面合作的科研架构，聚焦 5G、人工智能等重点领域，加强相关技术创新力度，并发布《以人工智能强国为目标的人工智能半导体产业发展战略》《材料、零部件、装备 2.0 战略》《5G+战略发展现状及未来计划草案》等文件，为重点领域战略性关键技术的研发提供指引。

2020 年，为加速推动工业恢复生产，有效应对全球竞争格局变化，我国从科技创新体制、产业、研发机构、企业、人才培养等多方面入手，大力推进工业技术创新。以科技创新作为第一任务进行部署，持续增加工业技术创新要素投入，持续提升工业技术创新能力，引导企业质量管理体系升级，推广先进质量工具方法，稳步推动质量分级评价，深入开展工业品牌培育，提升质量技术基础水平，加强质量品牌人才培养，全面加强我国工业技术创新工作。2020 年 10 月，党的十九届五中全会通过的《中共中央关于制定国民经济和社会发展第十四个五年规划和二〇三五年远景目标的建议》强调，坚持创新在我国现代化建设全局中的核心地位，把科技自立自强作为国家发展的战略支撑，并首次将科技创新作为第一任务对各项规划工作进行专章部署，科技创新的地位和作用被提升到前所未有的战略高度。我国高度重视建立健全以企业为主体的技术创新体系，大力推动企业成为创新创造的重要基础。我国着力提升自主创新能力，加快补链、强链、拓链，以提高产业链稳定性。

二

我们也认识到，我国工业技术创新中有几个问题值得关注：

一是关键核心技术攻关能力较弱。近年来，随着对技术创新的高度重视和持续投入，我国已在诸多领域取得了一定进步。但是，在关键核心技术方面仍然缺乏有效的统筹协调机制，尚未形成协同创新的攻坚合力。行业关键共性技术缺乏供给，尚未建立关键共性技术研发创新体系及健全的组织机制。资金投入、平台运作等方面的表现尚未达到理想状态。产学研协同创新不到位，产学研创新联盟中条块分割和壁垒障碍的存在，使得各主体之间难以开展深度合作和资源共享。因此，建立完善的关键核心技术攻坚体制，充分发挥我国制度优越性，形成持续性创新合力，是我国实现由"制造大国"向"制造强国"转变的首要任务。

二是企业技术创新能力不强。企业作为技术创新能力的主体，是创新驱动发展战略实施的主要力量，其创新活力及能力直接影响着我国经济发展的速度和质量。但是，现阶段我国企业创新主体地位不强、参与技术创新的动力不足等问题还比较突出，主要表现在以下两个方面。首先，企业创新意识不强，创新活动集中在少数大型龙头企业。对于规模较小的企业而言，其技术创新水平较低，生产经营状况较不稳定，在激烈的市场竞争环境下更倾向于追逐当下效益，缺乏对创新重要性的深刻认识。其次，企业知识产权保护能力较弱。当前我国企业知识产权保护方式较为单一、层次化不强，相关部门对一些侵权行为的处罚力度不够，从而导致侵权成本低，维权成本高。

三是技术创新支撑体系薄弱。良好的技术创新支撑体系是培育技术创新能力的必要条件。目前，我国对技术创新方面的关注度逐渐加大，但在技术创新支撑体系方面与发达国家相比仍有较大差距，亟须进一步完善。我国技术创新支撑体系薄弱主要表现在以下三个方面：我国技术创新标准体系建设落后于产业的创新发展，无法与产业创新发展相适应，尚不能为产业技术发

展提供相应的引导作用；科技创新治理机制不健全，科技创新相关法律法规发展滞后，政府监督、激励政策、考核机制等内容尚未完善，无法与科技创新发展情况相匹配；技术创新公共服务体系仍不完善，运行机制不健全，技术资源聚集能力不强，共享程度不高，公共服务平台建设有待进一步加强。因此，加速技术创新标准体系建设，健全科技创新治理机制，完善技术创新公共服务体系，将成为助推我国工业技术创新高质量发展的重要力量。

三

展望 2021 年，我国将从多方面入手建立科学合理的体制机制，助力工业技术创新在正确的赛道上全面提速。

一是强化顶层设计，引领创新发展方向。综合分析国家总体情况与长远需求，确立重大科技战略目标，设置重大科研任务，搭建科技创新平台，建立战略科研体系，统筹规划科技组织、人才、政策等重要条件，优化配置科技创新资源，运用自上而下的模式协调推进科技创新发展。提升原始创新能力，提供创新源头支撑。优化财政对科技创新的支持政策，构建稳定支撑基础研究的投入机制；革新科研管理机制，减轻科研人员行政负担；加快重大科技基础设施建设，推进科技创新平台、国家实验室、世界一流科研院所和大学等建设，重点落实基础研究的提质增效，全面加强原始创新能力，增强技术创新源头支撑，摆脱在国际竞争中缺乏关键核心技术的困境。促进产学研用协同创新，提升创新效率与效益。加强科技创新相关金融支撑政策，构建协同创新中心、区域创新联盟、科技成果转移转化平台等创新合作平台，建立健全创新资源合作共享机制，完善技术成果转移转化体系，探索创新人才自由流动体制机制，推动各创新主体之间深度融合，全面促进产学研用协同创新。

二是进一步优化技术创新生态环境。营造良好的技术创新生态环境是我国提高技术创新能力的必经之路。完善政策支撑体系，引领技术创新发展。我国需要加强税收优惠政策、财政激励政策等相关政策的支撑力度，促进企业加大科研投入力度，扶持高新技术企业发展；加强针对研发阶段的保障性政策，防止企业因研发资金负担过重而陷入运营困难的境地；建立健全融资相关引导政策，引导各类金融机构支持技术创新研发活动。强化知识产权保护，提升技术创新积极性。我国需要完善知识产权保护体系，建立健全相关法律法规，加强知识产权保护执法力度；推进知识产权服务中心与保护中心建设，加强知识产权相关工作指导，加快知识产权知识的普及；加强重点产业知识产权海外布局，紧密追踪海外国家知识产权布局情况，为我国企业走出国门保驾护航。培育高端创新人才，打造创新人才高地。我国需聚焦战略性产业，加强各大高校内相关重点学科建设，培养国家迫切需求的高端创新人才；完善企业与各大高校间联合培养机制，充分发挥企业在人才培养上的专业性与引导性，实现理论与实践的真正结合，按需培养高技能、高创造性的专业人才；完善人才福利政策，提高生活保障服务，吸引并留住技术创新高端人才。

三是进一步深入贯彻高质量发展理念，践行制造强国、质量强国战略。中国作为世界第二大研发投入国，R&D 经费投入强度超过欧盟 15 国平均水平。作为技术创新的主体之一，企业研发投入占我国研发投入的比重超七成。预计 2021 年，我国工业创新要素将进一步优化，创新战略将持续深入。基于当前特殊的时代背景和复杂的外部环境，党的十九届五中全会将"关键核心技术实现重大突破，进入创新型国家前列"写入 2035 年基本实现社会主义现代化的远景目标当中。2021 年，创新在我国现代化建设全局中的核心地位得到进一步增强，科技自立自强成为国家发展的战略支撑。

2021 年，新一代信息技术将与工业质量发展相关因素进一步深度融合，科技创新将助力工业质量快速提高。本书客观翔实地反映了中国工业技术创新的最新动向、特点与趋势，希望通过本书，读者可以从不同角度领略中国工业技术创新的魅力和风采。

目录

综 合 篇

第一章 2020 年世界工业技术创新发展状况 ⋯⋯⋯⋯⋯⋯⋯002

第一节 世界工业技术创新情况 ⋯⋯⋯⋯⋯⋯⋯⋯⋯⋯⋯002

第二节 世界工业质量发展情况 ⋯⋯⋯⋯⋯⋯⋯⋯⋯⋯⋯008

第三节 世界工业品牌发展情况 ⋯⋯⋯⋯⋯⋯⋯⋯⋯⋯⋯013

第二章 2020 年中国工业技术创新进展情况 ⋯⋯⋯⋯⋯⋯⋯019

第一节 中国工业技术创新情况 ⋯⋯⋯⋯⋯⋯⋯⋯⋯⋯⋯019

第二节 中国工业质量发展情况 ⋯⋯⋯⋯⋯⋯⋯⋯⋯⋯⋯024

第三节 中国工业品牌发展情况 ⋯⋯⋯⋯⋯⋯⋯⋯⋯⋯⋯032

第三章 2020 年工业技术创新热点问题 ⋯⋯⋯⋯⋯⋯⋯⋯⋯039

第一节 中美两大制造业创新载体评价体系对比研究 ⋯⋯⋯⋯039

第二节 国家科学中心如何支撑区域高质量发展 ⋯⋯⋯⋯⋯044

第三节 "三新"经济下的制造业产业集群区域品牌培育路径 ⋯⋯048

第四节 加快"新基建"布局，探索国家高新区发展新路径 ⋯⋯⋯054

第五节 强化科技创新支撑，提升国家生物安全治理能力 ⋯⋯⋯057

行 业 篇

第四章 装备行业 ⋯⋯⋯⋯⋯⋯⋯⋯⋯⋯⋯⋯⋯⋯⋯⋯062

第一节 总体情况 ⋯⋯⋯⋯⋯⋯⋯⋯⋯⋯⋯⋯⋯⋯⋯062

第二节 主要问题 ⋯⋯⋯⋯⋯⋯⋯⋯⋯⋯⋯⋯⋯⋯⋯073

第三节 对策建议 ……………………………………………………… 074

第五章 原材料行业 ……………………………………………… 076

第一节 总体情况 ……………………………………………………… 076

第二节 主要问题 ……………………………………………………… 091

第三节 对策建议 ……………………………………………………… 092

第六章 消费品行业 ……………………………………………… 094

第一节 总体情况 ……………………………………………………… 094

第二节 主要问题 ……………………………………………………… 105

第三节 对策建议 ……………………………………………………… 107

第七章 电子信息产业 …………………………………………… 109

第一节 总体情况 ……………………………………………………… 109

第二节 主要问题 ……………………………………………………… 120

第三节 对策建议 ……………………………………………………… 122

地 方 篇

第八章 北京市工业技术创新发展状况 ……………………… 126

第一节 发展回顾 ……………………………………………………… 126

第二节 创新中心发展案例：北京石墨烯产业创新中心 ……………… 133

第三节 工业质量发展案例：工业（建筑材料类）产品质量控制和技术

评价 CTC 实验室 ………………………………………… 134

第九章 广东省工业技术创新发展情况 ……………………… 136

第一节 发展回顾 ……………………………………………………… 136

第二节 创新中心发展案例：广东省半导体智能装备和系统集成创新

中心 ……………………………………………………… 142

第三节 工业质量发展案例：广州检验检测认证集团有限公司 ……… 143

第十章 江苏省工业技术创新发展状况 ……………………… 145

第一节 发展回顾 ……………………………………………………… 145

第二节 创新中心发展案例：江苏省原创化学药创新中心 …………… 150

第三节 工业质量发展案例：江苏省电子信息产品质量监督检验研究院 …… 151

第十一章 云南省工业技术创新发展状况 …………………… 152

第一节 发展回顾 ……………………………………………………… 152

第二节 创新中心发展案例：稀贵金属功能材料创新中心 …………… 157

第三节 工业质量发展案例：工业贵金属及再生贵金属产品质量控制和

技术评价实验室 ……………………………………………………… 158

政　策　篇

第十二章　2020 年中国工业技术创新发展政策环境分析 ……………… 162

　　第一节　国际环境分析 ……………………………………………… 162

　　第二节　国内环境分析 ……………………………………………… 165

　　第三节　制度体制条件 ……………………………………………… 167

第十三章　2020 年中国工业技术创新发展重点政策解读 ……………… 171

　　第一节　主要政策分析 ……………………………………………… 171

　　第二节　主要特点分析 ……………………………………………… 178

展　望　篇

第十四章　2021 年中国工业行业技术创新发展形势展望 ……………… 184

　　第一节　形势判断 …………………………………………………… 184

　　第二节　对策建议 …………………………………………………… 186

第十五章　2021 年中国工业质量发展形势展望 ………………………… 189

　　第一节　形势判断 …………………………………………………… 189

　　第二节　对策建议 …………………………………………………… 192

第十六章　2021 年中国工业品牌发展形势展望 ………………………… 195

　　第一节　形势判断 …………………………………………………… 195

　　第二节　对策建议 …………………………………………………… 198

后记 …………………………………………………………………………… 200

紳士服

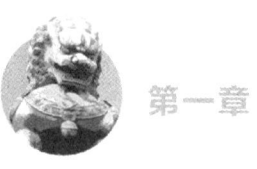

第一章

2020 年世界工业技术创新发展状况

　　随着新一代科技革命与产业变革加速演进，世界各国高度重视工业技术创新。为了全面提升国际竞争力，提高国际竞争话语权，抢占全球科技竞争制高点，各国都致力于加速突破人工智能技术、量子技术、生物技术等战略性前沿技术，推进工业数字化转型，加强工业品牌建设工作等。2020 年，新冠肺炎疫情肆虐全球，给全球的生产活动和经济发展带来巨大冲击，供应链、需求、跨境贸易和投资活动等都大幅萎缩；但并非一片萧条，很多大品牌在疫情之下也保持了增长态势。

第一节　世界工业技术创新情况

一、发达国家争夺全球科技竞争先机

　　随着新一轮科技革命与产业变革加速演进，典型发达国家大幅增加在 5G、人工智能、机器人等战略性领域的研发投入，加紧布局新一代电子信息、高端装备制造、新能源等战略性产业，致力于抢占全球科技竞争先机，赢得国际竞争话语权。

（一）美国加强在人工智能领域的投入与布局

　　美国高度重视维持其在人工智能领域的全球领导地位。2020 年 2 月，美国政府公布 2021 财年预算申请，计划在 2021 年增加大约 30%有关人工智能和量子信息科学的非国防预算。2020 年 5 月，美国政府提出《无尽前沿法案》，计划投入 1000 亿美元来推进未来 5 年内量子计算

和信息系统、人工智能与机器学习等十大关键科学技术的研发创新。2020 年 6 月，美国国会通过《军队人工智能法案》，为人工智能在国防领域的创新应用提供法律依据。2020 年 8 月，为全面维持美国在人工智能和量子信息科学领域的国际竞争力，白宫科技政策办公室宣布将在未来 5 年内建设 12 个人工智能与量子信息科学研发机构，总投资预估将超过 10 亿美元。2020 年 9 月，美国政府和英国政府正式签署《人工智能研究与开发合作宣言》，旨在推动两国在人工智能方面的合作。

（二）日本瞄准未来先进技术进行研发创新

日本高度重视对未来先进技术的研发创新。2020 年 1 月，日本政府为"登月型研发制度"确立了基本目标，计划在 2050 年前，制造出拥有高度类似于人类身体能力，并且能够自主学习、行动和成长的人工智能机器人。2020 年 6 月，日本政府发布《2020 科学技术白皮书》（以下简称《白皮书》），旨在通过科技创新解决各类社会问题，实现超智能社会（Society 5.0）。《白皮书》预测了至 2040 年将会实现的 37 项先进技术，为日本科研活动提供了未来愿景，加速推进了研发创新。2020 年 7 月，日本政府发布《统合创新战略 2020》，聚焦人工智能、生物技术、量子技术、材料等重点领域，提出要建设具备世界顶尖水平的研发基地，开展高水平的科技创新活动，加速构建超智能社会。

（三）德国抢占前沿技术高点助推国家转型发展

德国大力投入生物技术、氢能技术、人工智能技术等前沿技术以推动自身转型发展。2020 年 1 月，德国政府发布《国家生物经济战略》，大力投入生物技术的研发创新，推动可持续的生物经济发展。此外，德国 2020 科学年选用了"生物经济"作为主题，民众对生物技术重要性的认识进一步加强。2020 年 6 月，德国政府发布《国家氢战略》，以气候保护为核心目标，大力投入对氢能技术的研发，推进氢能产业快速发展，加快德国能源转型的步伐，提升其氢能技术的全球领导地位。2020 年 11 月，德国政府发布《研究和创新框架计划 2021—2024：微电子·可靠与可持续·为了德国和欧洲》，计划投入大约 4 亿欧元来促进微电子高速发展，旨在为欧洲与德国的数字化发展提供技术保障。2020 年 12

月，德国修订《人工智能战略》，加快攻关人工智能领域核心技术，增强欧盟在战略性技术领域的技术主权。

（四）韩国加强战略性新兴产业科技创新

韩国重点推进以人工智能为主的战略性产业科技创新能力。2020年1月，韩国政府发布《2020年度科技工作计划》，计划以三大战略要点引领韩国加强科技创新能力。一是重点发展人工智能，主要从人才培养、平台建设、技术开发、个人信息保护等方面入手。二是完善科技发展基本架构，主要从消除部门间壁垒、整合科研体系、促进信息共享、建立人才与资金流动模式等方面入手。三是加快发展数字媒体产业，主要从完善监管体系，促进内容创新，建设内容、网络、平台等相互促进的良性生态系统等方面入手。同月，韩国政府发布《2020年度科学技术和信息通信技术研发项目综合施行计划》，加大对生物技术、纳米技术、核能技术等源头技术的研发投资，加强以5G为基础的产业培育，加快开发新一代智能手机、联网机器人、5G设备与终端等高技术产品。2020年4月，韩国政府发布《5G+战略发展现状及未来计划草案》，计划投入超过5亿美元，大力建设5G基础设施与5G智能工厂，推进5G的全覆盖与商用化，提高其在全球5G网络设备市场中的份额，全面培育5G+战略产业。2020年10月，韩国政府发布《以人工智能强国为目标的人工智能半导体产业发展战略》，计划加强领域内创新企业与创新人才的培育，加速占据全球市场份额，加快实现人工智能半导体强国。

（五）俄罗斯推进战略性传统产业科技创新

俄罗斯政府高度重视电子工业、航空航天、核工业等战略性传统产业的科技创新工作。2020年1月，俄罗斯政府出台《2030年前国家电子工业发展战略》，强调加快突破电子工业技术领域的战略性技术，重点加强军事电子工业产品质量。2020年6月，俄罗斯政府推进《2030年前国家创新发展战略》的编制工作，指明俄罗斯创新体系建设方向，明确未来10年的科技创新重点任务和措施。2020年7月，俄罗斯政府编制《2030年前国家航天发展规划》和《"未来航天系统"高科技领域发展路线图》草案，统一规划航天领域重大专项计划，加快推进各大战

略性项目发展，如超重型火箭等。2020 年 3 月和 10 月，俄罗斯政府分别出台《2035 年前国家北极基本政策》和《2035 年前北极地区发展和国家安全保障战略》，重点加强北极相关的基础研究和应用研究，加速突破国防相关关键核心技术，加快推进北极相关材料研发与设备建设。2020 年，俄罗斯成功建设"罗蒙诺索夫院士号"浮动核电站、Aframax 级超级油轮、VVER-1200 核反应堆等大型高技术设施与设备。

二、2020 年全球创新指数概况

（一）全球创新格局继续向东转移

2020 年 9 月，世界知识产权组织（WIPO）联合欧洲工商管理学院（INSEAD）、康奈尔大学（Cornell University）等合作伙伴在日内瓦联合发布了《2020 年全球创新指数》报告。报告显示，2020 年的创新地理分布继续向东转移，中国、越南、印度和菲律宾多年来在创新指数排名中持续进步，目前已全部跻身前 50 位。地区创新方面，欧洲和北美洲占据创新领先地位，其次是东南亚、东亚和大洋洲，而北非、西亚、拉丁美洲、加勒比、撒哈拉以南非洲等地区创新能力较为薄弱。国家创新方面，瑞士、瑞典和美国继续领跑全球创新指数排名前 3，其中瑞士已连续 10 年雄踞榜首，在 PCT 专利申请量、高技术产品生产、技术成果转化等方面都高度领先。英国、荷兰、丹麦等国家紧随其后，韩国从 2019 年第 11 位晋升至 2020 年第 10 位，成为继新加坡后第 2 个进入排名前 10 的亚洲国家（见表 1-1）。中国在 2020 年保持排名第 14 位，仍然是唯一进入排名前 30 的中等收入经济体。其他值得注意的排名有：阿拉伯联合酋长国（第 34 位）跻身前 35 位；印度（第 48 位）和菲律宾（第 50 位）首次跻身前 50 位；越南连续两年保持排名第 42 位。

表 1-1　2020 年全球创新指数前 10 名

经济体	得分	2020 年排名	2019 年排名	所属地区
瑞士	66.08	1	1	欧洲
瑞典	62.47	2	2	欧洲

续表

经济体	得分	2020 年排名	2019 年排名	所属地区
美国	60.56	3	3	北美
英国	59.78	4	5	欧洲
荷兰	58.76	5	4	欧洲
丹麦	57.53	6	7	欧洲
芬兰	57.02	7	6	欧洲
新加坡	56.61	8	8	东南亚、东亚、大洋洲
德国	56.55	9	9	欧洲
韩国	56.11	10	11	东南亚、东亚和大洋洲

数据来源：世界知识产权组织、欧洲工商管理学院和康奈尔大学，2020.12。

（二）全球创新投资资金来源受负面影响

《2020 年全球创新指数》报告的主题是："谁为创新出资"。2020 年的新冠肺炎疫情带来了大规模危机，世界各国都进入了紧急状态，致力于应对疫情的负面影响。为控制疫情，世界各国在未来几年里的财政资源将会十分紧张，避险情绪将会很高，各个国家和公司都将大幅度减少投资和创新活动；然而从需求来看，人类经济社会目前却极度需要创新，其中医疗领域的研发创新是重中之重。

2020 年，新冠肺炎疫情带来的最大的问题是初创企业、风险投资和其他创新融资来源受到沉重打击。全球金融体系目前依旧保持平稳运行状态，但是资助创新型企业的资金正在大幅度下滑。创新融资短缺将对处于早期阶段的风险投资公司、处于风险投资热点地区之外的企业和聚焦生命科学等领域开展长期研究的研发密集型初创企业产生极大的负面影响。目前，风险投资和创新的方向正快速转向卫生、大数据、机器人、在线教育和电子商务等领域，并且主要发生于以中国、新加坡、以色列等国家为主的风险投资热点地区。

（三）全球科学技术集群分布

以高收入经济体和中国为主的科学技术集群是创新的主要发生地。

《2020 年全球创新指数》报告延续了往年的编制方法，列出了科学技术活跃度最高的前 100 个集群。从国家层面上看，科学技术活跃度排名前 100 的集群分别位于 26 个经济体，其中中国、巴西、印度、伊朗、俄罗斯和土耳其 6 个国家是中等收入经济体。美国是拥有入选科学技术集群数量最多的国家（25 个），其后是中国（17 个）、德国（10 个）和日本（5 个）。从集群层面上看，东京—横滨依旧是排名第一的集群，并且以 12.47 的高分遥遥领先，之后是深圳—香港—广州、首尔、北京等。2020 年全球科学技术创新集群前 25 名如表 1-2 所示。

表 1-2　2020 年全球科学技术集群前 25 名（按科学技术活跃度排名）

排　　名	集　群　名　称	经　济　体	得　　分
1	东京—横滨	日本	12.47
2	深圳—香港—广州	中国	8.27
3	首尔	韩国	5.52
4	北京	中国	5.18
5	加利福尼亚州圣何塞—旧金山	美国	4.83
6	大阪—神户—京都	日本	3.59
7	马萨诸塞州波士顿—剑桥	美国	2.96
8	纽约州纽约市	美国	2.76
9	上海	中国	2.69
10	巴黎	法国	2.37
11	加利福纳尼亚州圣地亚哥	美国	2.28
12	名古屋	日本	2.13
13	华盛顿哥伦比亚特区—马里兰州巴尔的摩	美国	1.82
14	加利福尼亚州洛杉矶	美国	1.73
15	伦敦	英国	1.65
16	得克萨斯州休斯敦	美国	1.63
17	华盛顿州西雅图	美国	1.5
18	阿姆斯特丹—鹿特丹	荷兰	1.33

续表

排 名	集 群 名 称	经济体	得 分
19	科隆	德国	1.29
20	伊利诺伊州芝加哥	美国	1.26
21	南京	中国	1.14
22	大田	韩国	1.09
23	慕尼黑	德国	1.08
24	特拉维夫—耶路撒冷	以色列	1.03
25	杭州	中国	1.02

数据来源：世界知识产权组织、欧洲工商管理学院和康奈尔大学，2020.12。

第二节 世界工业质量发展情况

一、数字化转型成为世界工业质量发展的重要趋势

2020 年 11 月，凯捷（Capgemini）集团发布了《全球质量报告（2020—2021）》（*World Quality Report 2020-21*），展现了数字化转型在质量保证中的重要作用。《全球质量报告》是分析应用程序质量和测试趋势的全球性报告，自 2009 年起，已经连续发布 12 年。《全球质量报告（2020—2021）》显示，人们对质量保证的期望值越来越高，质量保证已经从独立职能发展到整合职能、包容性职能，以支持业务增长需求，确保用户满意度。不平凡的 2020 年加速了数字化转型，而质量保证在其中发挥着重要作用。《全球质量报告（2020—2021）》指出，尽管目前人工智能和机器学习在质量保证方面并没有使人们获取显著收益，但人工智能依然出现在质量保证解决方案和工具选择中。据调查，人工智能应用增长最快的是测试领域，人们普遍认为人工智能技术将减少人工手动测试需求，提高生产效率，促进质量持续改进。关于新冠肺炎疫情影响，《全球质量报告（2020—2021）》认为，各行业测试和质量保证受疫情影响的程度不同，但传统工作方式更易受到严重打击；与此同时，疫情促使数字化变革加速，也影响到质量保证，例如，越来越多的在线业

务推动了安全测试需求的增长。

近年来，世界主要国家都陆续推行工业数字化转型相关政策措施，在提振经济的同时推动工业质量发展。

2020 年 5 月，日本发布 2020 年版《制造业基础技术的振兴政策》，指出全球新冠肺炎疫情将促进日本数字化转型，以适应全球发展不确定性。该文件指出数字化转型是提升企业动态能力的有效手段，也是保持日本制造活力的关键。报告强调，要强化企业变革能力，并通过变革来促进企业数字化，充分利用物联网、人工智能等技术提高生产效率、保证质量，在提高企业质量管理、生产能力等常规能力的同时，有效提升企业数据协同、人工智能预测、多品种小批量生产等动态能力。

2020 年 7 月，美国工业互联网联盟（Industrial Internet Consortium）发布《工业数字化转型白皮书》，描述了云计算/边缘计算、数据安全、人工智能、数字孪生、分布式账本、人机接口、增材制造、数据共享、工业物联网、自主机器人等支撑数字化转型的关键技术及其应用场景。例如，《工业数字化转型白皮书》指出，数字孪生技术可实现实时优化运营，实时计算质量参数，监控产品各环节情况，协助产品质量检验检测等。同时，《工业数字化转型白皮书》进一步明确了工业数字化转型方式，提出了解领军企业情况、确定适用案例、推断企业需要的数字化转型技术、实施数字化计划等具体的数字化转型步骤。

2020 年 9 月，德国质量协会（DGQ）开展了"数字服务供应质量"的在线调查。调查表明，数字服务水平是行业服务质量的重要指标。调查显示，56%的企业家认为数字化服务是成功的必备条件，67%的德国人认为数字服务产品代表企业整体创新能力；40%的受访者认为数字服务水平处于比较高的水平，50%的受访者对数字服务水平感到部分满意。数字服务水平高的领域包括银行、金融服务、在线交易、电子商务、搜索引擎等。53%的德国人认为便于理解和使用对数字服务产业至关重要，同时也有 32%的德国人认为数字服务产品应有线下补充产品。

二、绿色低碳成为世界工业质量发展的重要方向

随着中国、欧盟、日本、韩国等国家和地区宣布碳中和目标，目前全球近 30 个国家和地区宣布将在 21 世纪中叶左右实现零碳排放，绿色

低碳发展已经基本在全球形成共识，碳中和目标正在引领全球经济社会转型，也必然推动工业质量绿色升级。建设绿色制造体系、设计绿色产品、行业绿色化改造等将成为世界工业发展的焦点和工业质量升级的必然趋势。

欧盟方面，2019 年底，欧盟发布《欧洲绿色协议》以推动绿色发展，明确提出到 2050 年欧洲将在全球率先成为碳中和地区。《欧洲绿色协议》还制定了政策框架及发展路线图，重点聚焦循环经济、清洁能源和数字科技，措施覆盖了包括工业、农业、能源、交通在内的所有经济领域，以推动欧盟经济可持续发展。2020 年 1 月，欧盟委员会正式公布欧洲绿色协议投资计划，总投资规模预计达到 1 万亿欧元，并在 10 年内陆续实施[1]。其中，在《欧洲绿色协议》框架下，欧盟委员会与欧洲投资基金共同成立了蓝色投资基金，总投资 7500 万欧元，扶持创新型企业成长，推动海洋经济可持续发展。目前，法国、德国、意大利等十几个欧盟国家积极响应《欧洲绿色协议》，并将协议目标作为经济恢复过程中的重要任务。

日本方面，2020 年 12 月，日本政府发布《面向 2050 碳中和绿色增长战略》报告，提出到 2050 年实现碳中和目标，倡导通过发展海上风电、氨燃料、氢能、汽车和蓄电池、船舶、航空、半导体和通信等 14 个产业，构建"零碳社会"。在生产制造方面，日本将科学管理绿色数据中心选址、完善新一代信息通信基础设施建设，推进半导体、数据中心、信息通信基础设施的节能减排、高性能化。在政策措施方面，日本制定了跨领域政策工具，包括 10 年内成立一个有 2 万亿日元规模的绿色创新基金，面向碳中和目标设立投资促进税，加强融资，完善规章制度和标准，全面推进与欧美国家间重点领域要素技术标准化设定、消除贸易壁垒等。

韩国方面，2020 年 10 月，韩国正式宣布到 2050 年实现碳中和，12 月公布"碳中和推进战略"，核心内容包括加强碳中和相关制度建设、促进经济结构向低碳化转型、构建新兴低碳产业生态圈等。2021 年，

---

①《欧盟重申绿色发展计划》，《人民日报》2020 年 5 月 8 日第 16 版。

韩国发布"2021年碳中和实施计划",完善碳中和整体方案,制定相关推进战略,构建有效实施体系。韩国多个地方政府陆续出台碳中和政策,多个行业发表支持2050年实现碳中和的联合声明。

三、2020年世界工业质量发展大事件

(一)ISO围绕标准修订开展ISO 9001用户调查

ISO 9001《质量管理体系 要求》是由国际标准化组织(International Organization for Standardization,ISO)制定的世界上最受认可的国际标准之一,被誉为"走向国际市场的通行证"。目前,制造业、服务业、医疗业、公共事业等都引入了 ISO 9001 标准,ISO 证书覆盖全球 100 余万个不同行业场所,是发证数量最多、应用范围最广的国际标准。自1987 年正式发布以来,ISO 9001 质量管理体系已正式改版 4 次,其中最新的 2015 版本引入了风险思维的理念,关注运营风险与绩效,同时强调领导力的作用。2020 年,国际标准化组织质量管理和质量保证技术委员会(ISO/TC 176)开展了 5 年一次的 ISO 9001 用户调查,使ISO 9001:2015 接受正式系统评估。2020 年,ISO 9001 用户调查以在线的形式开展,邀请全球 ISO 9001 用户参与,旨在了解该标准是否持续适用或者需要修订和补充完善,为 ISO 9001 的条款修订奠定基础。

(二)世界三大质量奖项评选

日本爱德华·戴明质量奖、美国马尔科姆·波多里奇国家质量奖和EFQM 全球卓越奖(原欧洲质量奖)被誉为世界上最具影响力的三大质量奖项。2021 年 3 月,EFQM 全球卓越奖网络颁奖典礼举行,来自 94 个国家 2200 余人参加了线上盛典。中国扬子江药业集团有限公司成为12 家获 EFQM 全球卓越奖的组织之一,也是 2019 年新版 EFQM 模型实施后全球首家获得该奖项的制药企业[1]。华晨宝马斩获 2021 EFQM 七星卓越认证及可持续发展杰出成就单项奖。2020 年 11 月,美国马尔科

---

① 环球网:《扬子江药业获 2021 年欧洲质量奖》,2021 年 3 月 8 日。

姆·波多里奇国家质量奖发布 2020 年获奖名单，来自美国的养老机构、信用社、医疗机构、小企业等 5 家组织获奖，具体为美国退休人员协会（AAPR）、艾利维逊斯互助储金会（Elevations Credit Union）、大巴尔的摩医疗保健系统［Greater Baltimore Medical Center（GBMC）Healthcare System］、MESA 产品公司和维尔斯塔波尔丁医院（WellStar Paulding Hospital）。

（三）第 45 届国际质量管理小组会议举办

国际质量管理小组会议（International Convention on Quality Control Circles，ICQCC）是质量管理领域规模最大、涉及面最广、凝聚力最强的国际性质量评选，被誉为"质量奥林匹克"，目前已成功举办 45 届。2020 年 12 月，第 45 届国际质量管理小组会议在孟加拉国举办，采用"云端会议"的方式召开，中国代表队由来自中国航天、中国石油、中核工业、中车集团、国家电网、格力电器、奇瑞汽车等各行业的企业代表组成。经过全球 15 个国家 577 个参赛小组的激烈角逐，中核集团、国家电网、奇瑞汽车、扬子江药业等选派的多项 QC 小组成果获得本届大会最高奖"铂金奖"[①]。

（四）第 18 届亚洲质量网组织大会召开

亚洲质量网组织（Asian Network for Quality，ANQ）成立于 2002 年，致力于在亚洲地区倡导、推行各项质量活动，设有亚洲质量卓越奖、亚洲服务奖和石川馨—狩野奖（个人奖）三个奖项，以激励优秀组织和个人。2020 年 10 月 22 日至 23 日，由韩国品质管理学会主办的第 18 届亚洲质量网组织大会在线召开。大会以"新质量，新责任"为主题，约有 150 位来自中国、韩国、日本、泰国、新加坡等 16 个国家和地区的质量专家和企业代表出席了会议。会上，中国质量协会推荐的宜宾五粮液股份有限公司、国网南京供电公司荣获亚洲质量卓越奖，山东航空

---

① 中国经济网：《奇瑞勇夺世界质量管理（ICQCC）最高"铂金奖"》，2020 年 12 月 7 日。

股份有限公司获得亚洲服务奖，兖州煤业股份有限公司董事长李希勇获得石川馨—狩野奖银奖[1]。

第三节 世界工业品牌发展情况

一、大品牌呈现抗击性强、韧性强特征

2020 年，新冠肺炎疫情肆虐全球，给全球经济发展带来巨大冲击，各国的经济、生产活动都受到很大影响，全球供应链、需求、跨境贸易和投资等活动大幅萎缩；但并非一片萧条，很多大品牌在疫情之下也保持了增长态势。例如，根据 2020 年 BrandZ™最具价值全球品牌 100 强排行榜的数据统计，100 强品牌总价值增长了 2770 亿美元，实现了 5.9% 的增长速度，此外，这些品牌的股票组合表现也优于大市，比标准普尔 500 指数和 MSCI 世界股票指数都高，也远远高于全球 GDP 的增长速度。经历这次新冠肺炎疫情，愈加证明品牌建设在面临重大危机和未来经济发展中的重要作用。

二、2020 年国际三大品牌排行榜情况分析

（一）2020 年世界品牌 500 强排行榜情况

世界品牌 500 强排行榜，由世界品牌实验室发布。世界品牌实验室成立于 2003 年，并于 2004 年第一次发布世界品牌 500 强榜单，至今已持续 17 年。世界品牌 500 强排行主要依据市场占有率(Share of Market)、品牌忠诚度（ Brand Loyalty）和全球领导力（ Global Leadership）三大关键指标对全球 15000 多个知名品牌进行排序。"2020 年度第十七届世界品牌 500 强排行榜"榜单显示，全球共有 30 个国家的品牌入围榜单，其中，美国以 204 个上榜品牌稳居全球第一；法国、日本、中国、英国、德国、瑞士和意大利的上榜品牌数量分别为 45 个、44 个、43 个、40 个、

---

[1] 中国质量协会：《第 18 届亚洲质量网组织（ ANQ ）大会在线召开》，2020 年 10 月 29 日。

27个、18个和15个（见表1-3）。从行业分布来看，500个上榜品牌主要集中在汽车与零件行业、食品与饮料行业、传媒行业和能源行业四大行业，分别有35个、32个、28个和28个品牌上榜，其余品牌分布在互联网、零售、计算机与通信、电信、银行和多元金融等领域。从企业角度来看，亚马逊位居榜首，谷歌退居第2，微软位列第3，第4~第10名依次为苹果、梅赛德斯-奔驰、丰田、耐克、美国电话电报、沃尔玛、脸书。从品牌年龄来看，500个上榜品牌中有213个品牌年龄超过百岁，其中，美国占有81个，法国的圣戈班以355岁的年龄成为世界品牌500强中的"最老品牌"。2020年世界品牌500强中最古老的10个品牌见表1-4。

表1-3 2020年世界品牌500强品牌入选数量前10的国家

排名	国家	品牌数量	代表性品牌
1	美国	204	亚马逊、谷歌、苹果、可口可乐、脸书、美国电话电报等
2	法国	45	香奈儿、欧莱雅、路易威登、迪奥、卡地亚等
3	日本	44	丰田、松下、索尼、佳能等
4	中国	43	中国工商银行、国家电网、腾讯、海尔、五粮液等
5	英国	40	英国石油、联合利华、汇丰、沃达丰等
6	德国	27	梅赛德斯-奔驰、宝马、大众、奥迪等
7	瑞士	18	劳力士、欧米茄、雀巢、瑞信、瑞银等
8	意大利	15	普拉达、法拉利、古驰、菲亚特等
9	荷兰	9	飞利浦、喜力、壳牌、毕马威等
10	加拿大	7	加拿大皇家银行、庞巴迪、丰业银行等
10	韩国	7	三星、现代汽车、起亚、乐天等

数据来源：赛迪智库整理，2021.4。

表1-4 2020年世界品牌500强中最古老的10个品牌

排名	品牌年龄	品牌名称	榜单排名	国家	行业
1	355	圣戈班	348	法国	建材
2	324	英杰华	367	英国	保险

第一章 2020年世界工业技术创新发展状况

续表

排名	品牌年龄	品牌名称	榜单排名	国家	行业
3	316	茅台	270	中国	食品与饮料
4	305	葛兰素史克	411	英国	制药
5	305	马爹利	467	法国	食品与饮料
6	296	人头马	461	法国	食品与饮料
7	293	苏格兰皇家银行	405	英国	银行
8	277	酩悦香槟	139	法国	食品与饮料
9	276	苏富比	204	英国	拍卖
10	271	帝亚吉欧	485	英国	食品与饮料

数据来源：赛迪智库整理，2021.4。

（二）2020年BrandZ™最具价值全球品牌100强排行榜情况

BrandZ™最具价值全球品牌100强排行榜榜单由研究机构明略行公司（Millward Brown）编制。Millward Brown是世界十大市场研究公司之一，其对品牌的价值评估是根据收入和盈利能力等财务指标，结合消费者品牌认知调查计算得到的。在全球范围内，BrandZ™的调研范围涵盖50多个国家的300多万名消费者和10万多个品牌。2020年BrandZ™最具价值全球品牌100强排行榜榜单显示，全球排名前100的品牌价值合计突破了5万亿美元大关，约等于日本全年的GDP。从国家角度来看，美国有51个品牌上榜，稳居排行榜首位；中国有18个品牌上榜，位居第2；德国有8个品牌上榜，位列第3。其中，中国上榜品牌比上年增加了2个，品牌价值增长16%。从行业分布来看，科技类品牌价值继续引领整个榜单，占排行榜品牌总价值的37%，比上年增长10%，还有保险、银行、服饰、零售等行业也表现不错。从企业角度来看，亚马逊稳居第1，其品牌价值增至4158.55亿美元，比上年增长32%；苹果排名第2，品牌价值增至3522.06亿美元，比上年增长14%；微软排名第3，品牌价值增至3265.44亿美元，比上年增长30%；谷歌降至第4位，品牌价值增至3236.01亿美元，比上年增长5%。其中，微软品牌价值的增长得益于Office 365和Teams的办公生态系统实现云端运行，

015

使居家隔离的人在家继续正常办公。此外，中国上榜的品牌表现也很突出，例如，阿里巴巴的品牌价值增至 1525.25 亿美元，比上年增长 16%，排名第 6，较上年上升一位，成为中国最有价值的品牌。再如，腾讯的品牌价值增至 1509.78 亿美元，比上年增长 15%，排名第 7，也较上年上升一位（见表 1-5）。还有首次上榜的抖音，以 169 亿美元的品牌价值排名第 79，成为 2020 年 5 个新晋品牌中价值和排名最高者。

表 1-5　2020 年 BrandZ™最具价值全球品牌前 10 强

2020 年排名	2019 年排名	品牌	品牌价值（亿美元）	增长率	行业
1	1	亚马逊	4158.55	32%	零售
2	2	苹果	3522.06	14%	科技
3	4	微软	3265.44	30%	科技
4	3	谷歌	3236.01	5%	科技
5	5	Visa	1868.09	5%	支付
6	7	阿里巴巴	1525.25	16%	零售
7	8	腾讯	1509.78	15%	科技
8	6	Facebook	1471.9	-7%	科技
9	9	麦当劳	1293.21	-1%	快餐
10	12	万事达卡	1081.29	18%	支付

数据来源：赛迪智库整理，2021.4。

（三）2020 年 Interbrand 全球最佳品牌排行榜情况

Interbrand（国际品牌集团）成立于 1974 年，是全球知名的综合性品牌咨询公司，致力于为全球大型品牌客户提供全方位一站式的品牌咨询服务。其全球最佳品牌候选品牌的筛选标准为：经营范围必须覆盖至少全球三大洲、必须广泛涉足新兴的发展中国家和地区、必须有足够的公开财务信息、必须长期盈利，以及 30% 以上的收入必须来源于本国以外的地区。2020 年 Interbrand 全球最佳品牌排行榜显示，上榜的百强品牌总价值达 23265 亿美元，比上年增长 9%。品牌价值突破 1000 亿美元的有苹果、亚马逊、微软、谷歌 4 个，品牌价值在 100 亿～1000 亿美元的有 60 个，其余的 36 个品牌价值在 40 亿～100 亿美元，其中，前三强品牌价值占榜单总价值的 30%左右。从行业分布来看，在新冠肺炎疫情中，社交媒体和传播行业的品牌表现良好，Spotify（声田）的品牌价值增至 83.89 亿美元，比上年增长了 52%，排名跃升 22 位，至第 70 名。Netflix（奈飞）的品牌价值增至 126.65 亿美元，比上年增长 41%，排名上升至第 41，还有 Instagram（照片墙）、YouTube（优兔）及首次入榜的 Zoom 都表现不错。其中，商业模式发挥了重要作用，据统计，快速增长的品牌价值有 62%依赖于大量的订阅模式业务。从企业角度来看，苹果以 3229.99 亿美元的品牌价值位列榜首，亚马逊以 2006.67 亿美元的品牌价值排名第 2，微软以 1660.01 亿美元的品牌价值排名第 3，谷歌以 1654.44 亿美元的品牌价值排名第 4，首次退出前三，三星以 622.89 亿美元的品牌价值首次跻身前五名。第 6 名至第 10 名依次为：可口可乐、丰田、梅赛德斯–奔驰、麦当劳和迪士尼，这 10 个品牌总价值占榜单总价值的 50%。此外，华为仍然是中国唯一上榜的企业，其品牌价值为 63.01 亿美元，排名第 80。

三、2020 年世界工业大品牌发展特征分析

虽然以上三大品牌排行榜的评价指标体系和结果不尽相同，但在发展趋势和特征方面具有很多相同之处，包括集中化发展、科技化发展和互联网发展，可以给未来工业品牌发展提供方向。

（一）品牌集中化发展特征明显

从三大品牌排行榜中都可以发现品牌集中化发展的特征，包括品牌数量和品牌价值的集中化。例如，在世界品牌 500 强排行榜中，美国上榜了 204 个品牌，占排行榜品牌总数的 40%以上；在 BrandZ™最具价值全球品牌 100 强排行榜中，前 10 强品牌价值总和占榜单总价值的 46%左右；在 Interbrand 全球最佳品牌排行榜中，前 3 强品牌价值总和占榜单总价值的 30%左右，前 10 强品牌价值占榜单总价值的 50%左右。

（二）科技行业品牌价值韧性强

新冠肺炎疫情席卷全球，在经济整体疲软的大环境下，科技行业品牌价值却普遍呈现出不降反增的态势。例如，在 BrandZ™最具价值全球品牌 100 强排行榜中，科技行业品牌价值占排行榜品牌总价值的37%，比上年增长 10%。前 10 强中有 5 个属于科技行业品牌，品牌价值平均增长 10%。在 Interbrand 全球最佳品牌排行榜中，前 3 强中有 2个属于科技行业品牌。

（三）基于互联网发展的品牌表现突出

新冠肺炎疫情的肆虐同时也催生了很多新的消费场景和消费模式，尤其是基于互联网的相关行业，涌现出大量新生机。例如，在 Interbrand全球最佳品牌排行榜中，Netflix（奈飞）和 Instagram（照片墙）等品牌价值都增长迅速，尤其是主打视频会议的 Zoom 实现了首次上榜。这些品牌的快速增长有 62%依赖于大量的订阅模式业务。我国的阿里巴巴和腾讯在 BrandZ™最具价值全球品牌 100 强排行榜中也都表现突出，分别增长了 16%和 15%，还有首次上榜的抖音，成为新晋品牌中排名最高者。

第二章

2020 年中国工业技术创新进展情况

　　新一代科技革命和产业变革正加速演进，5G、大数据、人工智能等新技术新业态交叉融合、持续升级，科技创新水平决定了世界大变局的走向。党的十九届五中全会强调，坚持创新在我国现代化建设全局中的核心地位，把科技自立自强作为国家发展的战略支撑。2020 年，我国把科技创新作为第一任务进行部署，持续增加工业技术创新要素投入，持续提升工业技术创新能力，引导企业质量管理体系升级，推广先进质量工具方法，稳步推动质量分级评价，深化开展工业品牌培育，提升质量技术基础水平，加强质量品牌人才培养，全面加强我国工业技术创新工作。

第一节　中国工业技术创新情况

一、工业技术创新要素投入持续增加

　　依据《2020 年中国统计年鉴》数据，2019 年，我国科技活动中研究与试验发展（R&D）经费投入较往年持续增加，R&D 经费投入达22143.6 亿元，比上年增加 2465.7 亿元，增长幅度为 12.53%，均高于上年增长数据。研发投入强度（即 R&D 经费投入占国民生产总值之比）也从 2018 年的 2.14%稳步提高到 2019 年的 2.23%（见图 2-1）。

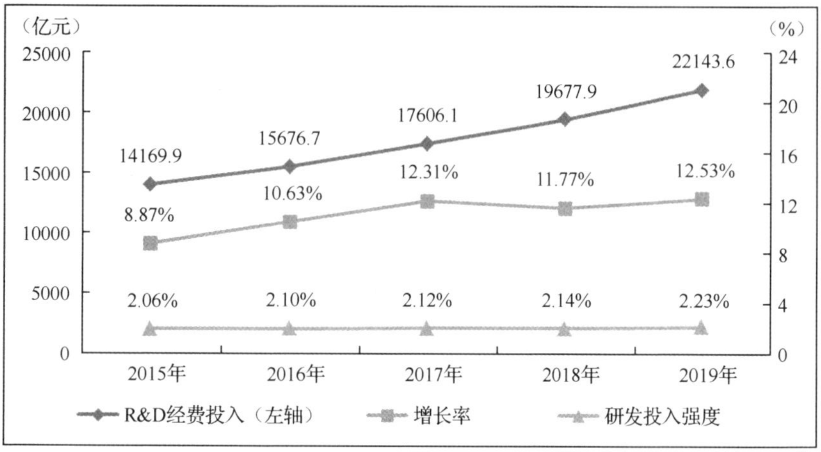

2020—2021年中国工业技术创新发展蓝皮书

（亿元）   （%）
25000   22143.6   24

                                                              19677.9   20
20000   17606.1
                          15676.7   16
            14169.9
15000
            8.87%   10.63%   12.31%   11.77%   12.53%   12
10000
                                                                                        8
5000   2.06%   2.10%   2.12%   2.14%   2.23%   4

0   0
          2015年   2016年   2017年   2018年   2019年

━◆━ R&D经费投入（左轴）   ━■━ 增长率   ━▲━ 研发投入强度

图 2-1   2015—2019 年我国 R&D 经费投入、增长率及研发投入强度情况

数据来源：《2020 年中国统计年鉴》，2020.9

2019 年，我国规模以上工业企业研发投入占据全国研发投入的较高比例，R&D 经费支出持续增长，研发投入增长态势良好（见图 2-2）。

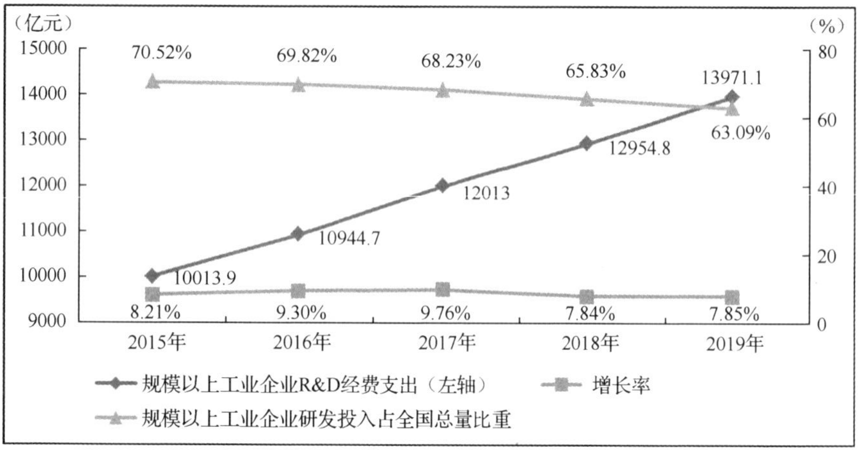

（亿元）   （%）
15000   80
          70.52%   69.82%   68.23%
14000   65.83%   13971.1
                                                                                        60
13000   63.09%
                                                     12954.8
12000   12013   40
                          10944.7
11000
          10013.9   20
10000
          8.21%   9.30%   9.76%   7.84%   7.85%
9000   0
          2015年   2016年   2017年   2018年   2019年

━◆━ 规模以上工业企业R&D经费支出（左轴）   ━■━ 增长率
━▲━ 规模以上工业企业研发投入占全国总量比重

图 2-2   2015—2019 年我国规模以上工业企业 R&D 经费支出、
增长率及占全国研发投入经费比重情况

数据来源：《2020 年中国统计年鉴》，2020.9

从图 2-3 可以看出，2015—2019 年，我国规模以上工业企业研发人员规模不断上升，从 263.8 万人/年提升到 315.2 万人/年，但占全国研发

人员总量的比重不断下降，从 70.2%下降到 65.7%。

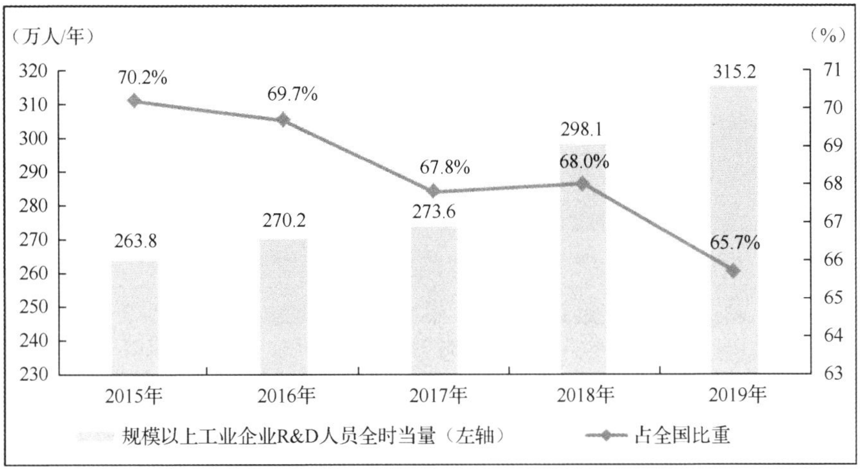

图 2-3　2015—2019 年我国规模以上工业企业 R&D 人员全时当量情况

数据来源：《2020 年中国统计年鉴》，2020.9

从工业企业开展 R&D 活动的数量和比例来看，整体呈现快速增长趋势。图 2-4 显示，2015—2019 年规模以上工业企业开展 R&D 活动数量大幅增长，从 73570 个增长到 129198 个，规模以上工业企业开展研发活动的比例由 2015 年的 19.2%提高到 2019 年的 34.2%。

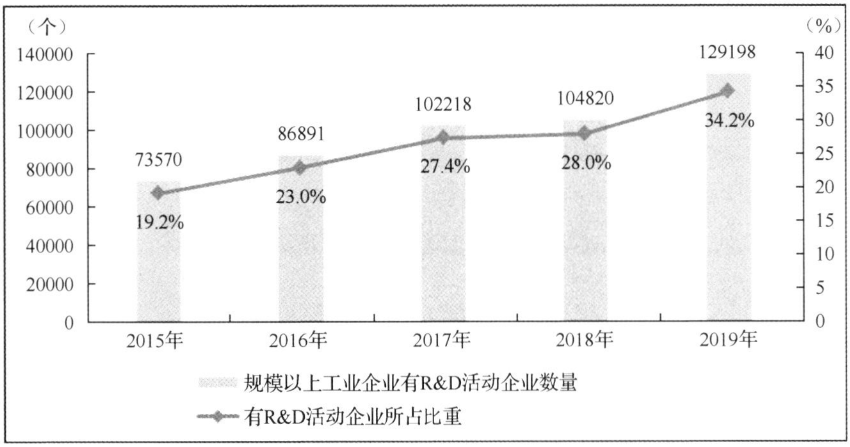

图 2-4　2015—2019 年我国规模以上工业企业中开展 R&D 活动的
企业数量及占比情况

数据来源：《2020 年中国统计年鉴》，2020.9

二、工业技术创新能力持续提升

2020 年，我国发明专利授权 53.0 万件，截至 2020 年底，我国发明专利有效量为 305.8 万件，其中，国内（不含港澳台）发明专利有效量为 221.3 万件，每万人口发明专利拥有量达到 15.8 件；我国实用新型专利授权 237.7 万件，截至 2020 年底，实用新型专利有效量为 694.8 万件；受理 PCT 国际专利申请 7.2 万件，其中国内申请人提交 6.7 万件。

在全国技术市场的交易情况方面，从图 2-5 可以看出，2015—2019 年，我国技术市场成交额保持高速增长的态势。2015—2017 年增速保持在 16% 左右，2018 年增速达到五年内峰值 31.8%，2019 年增速稍有下降至 26.6%，技术市场交易总额达到 22398 亿元。

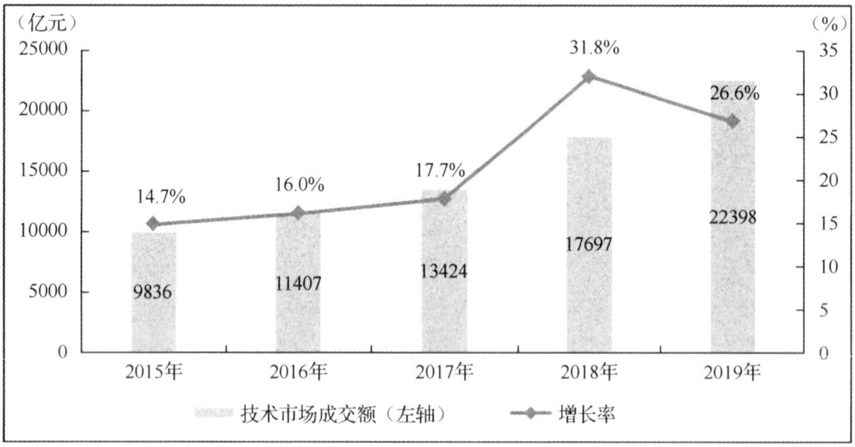

图 2-5　2015—2019 年我国技术市场历年成交额及增长率
数据来源：《2020 年中国统计年鉴》，2020.9

三、科技创新是未来发展的重中之重

（一）坚持科技创新驱动我国发展

2020 年 10 月，党的十九届五中全会通过的《中共中央关于制定国民经济和社会发展第十四个五年规划和二○三五年远景目标的建议》强调，坚持创新在我国现代化建设全局中的核心地位，把科技自立自强作

为国家发展的战略支撑，并首次将科技创新作为第一任务对各项规划工作进行专章部署，科技创新的地位和作用被提升到前所未有的战略高度。

我国"十四五"时期及更长时期的发展迫切要求我国加快提升科技创新能力、加速实现科技自立自强。我国经济已经进入高质量发展阶段，发展不平衡不充分问题越发突出，我国坚持提升科技创新能力以支撑实现内涵型增长、建设现代化经济体系、加快构建新发展格局、提高供给体系质量和水平。我国明确四大主攻方向，面向世界科技前沿、面向经济主战场、面向国家重大需求、面向人民生命健康，统筹规划国家现实能力、重大需求、重点任务等，高度重视提升原始创新能力，加快实现"从 0 到 1"的突破，全力研发核心关键技术，重点攻关技术瓶颈问题，强化国家战略科技力量，探索发现符合我国国情的科技创新发展道路。

（二）坚持企业在我国技术创新中的主体地位

2020 年 7 月，习近平总书记在企业家座谈会上强调，企业家要勇于创新，做创新发展的探索者、组织者、引领者，勇于推动生产组织创新、技术创新、市场创新，重视技术研发和人力资本投入，有效调动员工创造力，努力把企业打造成强大的创新主体。

我国高度重视建立健全以企业为主体的技术创新体系，大力推动企业成为创新创造的重要基础。2020 年 10 月，党的十九届五中全会强调，要强化企业创新主体地位，促进各类创新要素向企业集聚。一是深化体制机制改革，提高企业对国家科技计划、科技重大专项等项目的决策参与度，支持企业承担或参与国家重大科技项目。二是加强鼓励激励政策，综合运用金融、财税等普惠性政策手段，对企业创新活动给予大力支持，鼓励企业开展研发创新活动。三是合理运用倒逼机制，灵活、有效地运用环境保护、技术标准等手段，持续提高相关运营门槛，倒逼企业大力投入研发创新、加速关键核心技术升级。四是优化技术创新环境，完善金融支撑体系，加强金融机构对创新活动的投资，拓宽企业创新融资渠道；完善知识产权保护体系，加强知识产权保护力度；大力投入人才培养，探索校企联合培养机制，引进和培育技术创新型人才；开展多批专精特新"小巨人"申报活动，多方面发力培育核心技术能力突出的创新型企业，大力强化企业创新主体地位。

（三）坚持科技创新夯实"双循环"重要基础

2020 年 5 月，中共中央政治局常委会会议首次提出，构建国内国际双循环相互促进的新发展格局。我国高度重视发挥科技创新的推动作用，持续提升自主创新能力，致力于从根本上破解制约"双循环"要素流通的障碍。

当前，新冠肺炎疫情仍在持续，国际经贸活动严重受阻，全球产业链、供应链面临重组。我国着力提升自主创新能力，加快补链、强链、拓链，以提高产业链稳定性。一是加强关键核心技术攻关，我国聚焦人工智能、机器人、量子信息等重点领域，针对关键核心技术瓶颈问题，实施重点领域研发计划，大力投入颠覆性前沿引领技术的研发创新，紧密贴合新型基础设施建设，推动技术成果加快产业化。二是深化科技管理体制改革，实施"赛马""揭榜挂帅"等制度，改革科技重大专项等实施方式，打破企业和企业、企业和科研院所之间的科研壁垒，营造科技创新优良环境。三是积极融入全球创新网络，坚持高水平对外开放，建立科技创新中心合作载体等创新中心，加强与世界各国之间的产业研发合作。

第二节　中国工业质量发展情况

一、2020 年中国工业质量重点工作

（一）引导企业质量管理体系升级

引导企业健全质量责任体系，积极履行社会责任，完善产品全生命周期质量追溯机制，对产品和服务质量标准进行自我声明，接受社会监督。推动企业加强全面质量管理，导入卓越绩效、六西格玛、精益制造等管理模式，探索构建以数字化、网络化、智能化为基础的全过程质量管理体系，提高质量管理能力。引导大型企业建立完善第二方质量审核制度，加强对中小企业供应商质量、技术、工艺、设备和人员的指导和监督，不断提升供应链供给质量。支持有关单位实施用户满意工程，推

进质量诚信体系建设，提高用户满意度和企业质量效益。

（二）推广先进质量工具方法

支持行业协会、专业机构继续开展质量标杆遴选和经验交流。鼓励地方工业和信息化主管部门、专业机构、行业协会组织推广现代质量管理方法和质量工程技术，开发相关工具软件（App），重点围绕集成电路、机械装备可靠性提升开展技术攻关、分析评价、咨询诊断和专业交流。支持有关机构和行业协会推进企业质量文化建设，组织开展质量管理小组、班组管理、现场管理、"质量月"等群众性质量活动。支持专业机构跟踪研究新型生产方式和商业模式下的质量管理与质量控制技术，打造多种形式的质量技术交流载体。支持开展质量技术创新与可靠性提升行业交流，推动部分重点产品质量实现跃升。

（三）稳步推动质量分级评价

以钢铁、有色金属、建材、石化、机械装备为重点，继续推进工业产品质量分级工作，围绕产品性能、技术能力、用户需求等，研究制定产品质量分级标准，依托工业品交易平台等流通渠道，开展质量分级示范应用。试点推动电子产品、家电等消费品质量分级，围绕产品安全性能、节能环保、智能化水平、用户体验等关键特性等确定分级标准，结合电商平台采信、国内外产品质量对比分析，加大质量分级宣贯推广力度，促进优质产品消费。加强首台（套）重大装备检测评定体系建设，探索建立质量分级保险运行机制，鼓励在重大装备和重点工程中使用优质产品。

（四）深化开展工业品牌培育

支持行业、地方和专业机构继续组织开展企业品牌培育标准宣贯活动，推动开展品牌管理体系成熟度评价。引导企业提高创意设计水平，改善用户体验，提升文化附加值；鼓励地方推进精品制造工程；支持行业开展产品实物质量认定、用户满意产品评选等工作。继续推进产业集群区域品牌建设，引导集群加强技术服务平台建设，通过完善标准、注册集体商标、宣传推广等方式提升产业竞争力和区域品牌影响力。鼓励围绕中国品牌日策划组织专题活动，指导开展中国工业品牌之旅、品牌故事大赛、品牌创新成果发布等活动，持续提升工业品牌形象。

（五）提升质量技术基础水平

鼓励地方工业和信息化主管部门将质量提升与智能制造、绿色制造、工业互联网建设等工作相结合，加大质量升级技术改造和技术创新支持力度。鼓励地方、企业和社会团体制定满足高层次市场需求的先进标准，支持行业和企业积极参与国际先进标准制定，以先进标准促进质量升级。支持在车联网、5G、集成电路、新材料、物联网等领域开展研发设计、计量测试、可靠性验证、检验检测等公共服务平台建设。支持专业机构向社会特别是中小微企业提供质量控制与技术评价服务，提高工业基础产品的可靠性和稳定性水平。

（六）加强质量品牌人才培养

支持相关协会组织开展全面质量管理知识竞赛，推进质量品牌素质教育。鼓励专业机构以企业需求为导向，系统推进制造业质量人才培养，拓展首席质量官、首席品牌官、质量可靠性工程师、品牌经理等专业人才能力。引导企业结合行业及自身特点，加强质量知识应知应会和岗位专业技能培训，严格执行关键岗位持证上岗。推动建立高等院校、科研院所、行业协会和企业共同参与的质量教育网络，组织开发质量品牌提升"十四五"系列教材，打造质量品牌精品课程。支持设立质量研究院、品牌研究院、工业质量和品牌人才培养基地，加快打造质量品牌专业队伍。

二、中国工业质量评价体系

国家质量评价体系需要进行指标体系的构建，需从多个维度、多个层次出发，以指标关联及指标组合构建质量评价体系。改革开放以来，随着质量工作逐步引起国家的重视，我国政府先后出台了《中华人民共和国产品质量法》《建设工程质量管理条例》等法律法规；近年来，我国先后形成了面向全国企业及组织的中国质量奖和全国质量奖两大奖项，并开展了全国质量标杆评选以及相关的经验分享活动，以此推广普

及先进的质量管理模式方法，激励全国企业及个人追求质量的进步。

（一）中国质量奖

设立国家质量奖励制度是国际通行做法，日本于 1951 年设立"戴明质量奖"，美国于 1987 年设立"波多里奇国家质量奖"，欧洲于 1992 年设立"欧洲质量奖"。中国质量奖是在 2012 年经中央批准设立的在质量管理领域授予相关组织和个人的最高荣誉。2015 年原质检总局第 167 号总局令发布《中国质量奖管理办法》（以下简称《管理办法》），将中国质量奖纳入法治化轨道。中国质量奖旨在推广科学质量管理制度、模式和方法，促进质量管理创新，传播先进质量理念，激励引导全社会不断提升质量，建设质量强国。设立中国质量奖的一个主要目的便是通过评选工作，形成具备国际影响力的适合中国国情的质量管理理论及方法，为我国经济高质量的发展起到促进作用，并为世界提供质量管理的"中国方案"。

目前，中国质量奖评选表彰工作已开展了三届，李克强总理对第二届中国质量奖做出重要批示，王勇国务委员出席历届表彰大会。全国共有 19 家组织、3 名个人获得中国质量奖，168 家组织、22 名个人获得提名奖，树立了一批质量标杆，带动了质量管理方法推广应用，促进全社会营造崇尚质量、追求卓越的浓厚氛围，推动质量强国建设。

近年来，国家对评选表彰活动提出了新要求，中国质量奖工作实践也遇到了新情况，亟须对《管理办法》进行修订和完善。一是国家对评选表彰活动提出了新要求。自 2017 年以来，我国陆续发布了《国家功勋荣誉表彰条例》《评比达标表彰活动管理办法》，进一步规范评比达标表彰活动，对评选程序、公示时间和范围等做出了明确要求。二是评选表彰活动实施主体亟待调整。机构改革后，组建市场监管总局，不再保留原质检总局。经中央批准，全国评比达标表彰工作协调小组复函同意将中国质量奖的主办单位由原质检总局调整为市场监管总局。三是进一步加强监督和管理的需要。随着我国经济转向高质量发展阶段，有必要对获奖组织和个人提出更高的要求，更好发挥获奖组织和个人推广质量管理方法的作用，加强对获奖组织和个人的跟踪监督和严格退出机制。

（二）全国质量奖

全国质量奖设立于 2001 年，是经党中央、国务院同意，由中国质量协会负责承办，向在实施质量强国战略中做出突出贡献的组织、项目和个人授予的在质量方面的崇高荣誉，被誉为中国质量界的"奥斯卡"。其设立目的是贯彻落实《中华人民共和国产品质量法》，激励和引导我国企业追求卓越的质量经营，增强组织综合竞争能力，更好地适应经济全球化的发展趋势，使组织更好地服务用户、服务社会，为提升我国组织整体管理水平、提高经济社会发展质量做贡献。经过多年规范运作与发展，如今全国质量奖已是与美国波多里奇国家质量奖、欧洲 EFQM 全球卓越奖和日本戴明质量奖齐名的全球四大质量奖项。奖项的评价标准《卓越绩效评价准则》（GB/T 19580—2012）借鉴国内外卓越绩效管理的经验和做法，结合我国企业经营管理实践，为组织追求卓越提供了自我评价的准则，也是全国绝大多数地方和行业质量奖的评价依据。2020年 12 月 11 日，第十九届全国质量奖（2020—2021 年）卓越项目奖及个人奖的颁奖仪式在 2020 中国质量协会年会开幕式上隆重举行，表彰了 8 个"全国质量奖卓越项目"、7 名"中国杰出质量人"及 20 名"中国质量工匠"。

（三）全国质量标杆

为深入贯彻落实工业和信息化部《关于促进制造业产品和服务质量提升的实施意见》，根据工业和信息化部办公厅《关于做好 2020 年工业质量品牌建设工作的通知》要求，受工业和信息化部科技司委托，2020年中国质量协会以供应链管理、现场管理、智能制造、新型生产方式下的质量控制与中小企业为关注重点，继续组织开展全国质量标杆遴选和经验交流活动。

质量标杆主要考察的是各工业企业在质量水平提升、经营效益增长中经过实践应用的质量管理创新活动，通过树立标杆，推广先进的质量管理方法及相关的质量工程技术。2020 年，中国质量协会评选并发布了"2020 年全国质量标杆名单"（见表 2-1）。该名单是经企业自主申报、地方（行业）组织单位推荐，评审委员会最终评选等流程得到的，共

第二章　2020年中国工业技术创新进展情况

40项工业企业、11项中小企业和9项非工业企业典型经验入选2020年全国质量标杆。

表 2-1　2020 年全国质量标杆名单

工业企业（40 项）		
序号	企 业 名 称	经 验 名 称
1	北京汽车集团越野车有限公司	实施"质量管理体系持续改进模式"的经验
2	成山集团有限公司	实施智能制造提升精益六西格玛生产管理水平的实践经验
3	大连船舶重工集团有限公司	实施差距分析方法提升焊接质量管理水平的经验
4	大冶特殊钢有限公司	"三化六型"管理模式下的特钢高质量发展经验
5	福建宁德核电有限公司	核电智能防人因体系在运维质量风险管控中的应用经验
6	歌尔股份有限公司	基于一次做对的"预防预见式"质量经营实践经验
7	共享装备股份有限公司	实施全流程虚拟制造系统的经验
8	广东美的环境电器制造有限公司	实施"数智美的"新战略提升产品可靠性的实践经验
9	广西中烟工业有限责任公司柳州卷烟厂	实施质量防差错管理的实践经验
10	海信集团有限公司	基于技术创新与 NPS 驱动的质效双升管理模式实践经验
11	河南超威电源有限公司	基于共享愿景和战略的新范式管理创新实践经验
12	河南黎明重工科技股份有限公司	实施"阿米巴+质量"活性化单元在全价值链应用的经验
13	惠州市德赛西威汽车电子股份有限公司	实施供应商 VRS 管理全面提升供应链竞争力的经验
14	济源市万洋冶炼（集团）有限公司	实施"四个一"绿色循环全过程质量管控的经验
15	江联重工集团股份有限公司	运用"基于数字赋能的五化两驱管理模式"提升数字化质量管理水平的经验

029

续表

序号	企 业 名 称	经 验 名 称
16	江苏沙钢集团有限公司	实施基于精益管理系统+MES 系统的质量管控经验
17	江阴兴澄特种钢铁有限公司	实施精品质量管理模式经验
18	金杯电工股份有限公司	实施［"金杯芯"+用户满意］双驱质量管理模式的实践经验
19	经纬智能纺织机械有限公司	实施产品全生命周期精品工程的经验
20	鲁南制药集团股份有限公司	实施 G-T-P 管理模式实现药品质量持续提升的全生命周期管理经验
21	南京钢铁股份有限公司	基于数字化、网络化、智能化的智慧供应链生态体系管理
22	内蒙古金海伊利乳业有限责任公司	大数据引领+多维度护航，打造婴幼儿配方乳粉智能质量保障新模式
23	青岛海尔空调电子有限公司	实施产品智能诊断、预测与健康管理提升用户最佳体验的实践经验
24	青岛啤酒股份有限公司	实施"集团一体化管理下的持续改善管理模式"的经验
25	赛轮集团股份有限公司	基于数据和 AI 驱动的"精益制造智能化工厂"体系建设经验
26	山西省工业设备安装集团有限公司	实施基于 TQM 的 iPS 高质量发展模式的经验
27	上海海立电器有限公司	实施"智能化+HQE"质量提升工程的实践经验
28	上海华虹宏力半导体制造有限公司	大数据智能分析系统从先进制造迈向智能质造的经验
29	上海延锋金桥汽车饰件系统有限公司	实施基于知识管理平台的质量改进与创新实践管理经验
30	上汽通用汽车有限公司	构建面向全球的新产品生命周期质量管理平台的经验
31	深圳市深粮控股股份有限公司	"深粮 GLS"赋能全面质量管理模式的经验
32	铜陵精达特种电磁线股份有限公司	实施大数据平台化精益绿色制造模式的经验

续表

序号	企 业 名 称	经 验 名 称
33	万向钱潮股份有限公司	基于产品全生命周期数字化质量创新的实践经验
34	西峡县内燃机进排气管有限责任公司	实施"快速反应（FR）"管理方法的经验
35	邢台钢铁有限责任公司	实施精益六西格玛创新管理经验
36	浙江万向精工有限公司	基于APQP与QFD质量方法同步并行的开发经验
37	中国航空工业标准件制造有限责任公司	数字化制造质量管控技术经验
38	中国航天科技集团有限公司第五研究院第五〇八研究所	实施五轮驱动的敏捷管理模式经验
39	中国长城科技集团股份有限公司	实施全面质量管理助力信创工程的经验
40	中通客车控股股份有限公司	基于大数据+智能制造构建产品全生命周期的质量管控模式

中小企业（11项）

序号	企 业 名 称	经 验 名 称
1	法兰泰克重工股份有限公司	实施两化融合与卓越绩效形成精益服务能力的经验
2	鹤壁海昌智能科技有限公司	基于EHC系统平台的全流程信息化质量管理模式的经验
3	湖北德永盛纺织有限公司	大数据智能化质量提升管理方法的经验
4	湖北京华彩印有限公司	基于生产工艺精准化"6T环式模型"管理方法的实践经验
5	湖南中南智能装备有限公司	实施基于数字化管控和标准化引领的创新质量管理模式的经验
6	九芝堂股份有限公司	建设中药固体制剂"四层一体"智能工厂实现质量一体化管控的经验
7	山西壶化集团股份有限公司	"两化一精"质量创新管理模式的实践经验
8	上海微创医疗器械（集团）有限公司	实施产品全面风险运营管控的实践经验

续表

序号	企 业 名 称	经 验 名 称
9	尚纬股份有限公司	实施"核电品质屋"建设提升质量效益的经验
10	远东复合技术有限公司	实施智能制造+数字驱动的全面质量管理经验
11	漳州片仔癀药业股份有限公司	践行"匠心＋创新"产品质量全过程管控经验
非工业企业（9 项）		
序号	企 业 名 称	经 验 名 称
1	内蒙古蒙草生态环境（集团）股份有限公司	利用生态大数据平台提升生态修复工程质量的实践经验
2	上海国际机场股份有限公司	运用交通大数据提升服务质量的实践经验
3	深圳市机场（集团）有限公司	实施打造数字化最佳体验机场的经验
4	厦门国宇健康管理中心有限公司	以信息化为引领的全过程健康管理质量提升实践经验
5	厦门市美亚柏科信息股份有限公司	"双动力全时四驱"质量管理模式的经验
6	厦门亿联网络技术股份有限公司	构建基于信息化协同质量管控平台的经验
7	易派客电子商务有限公司	构建工业产品质量评价体系、开展量化分级示范应用的经验
8	中国电信股份有限公司乌鲁木齐分公司	基于 iTV+智慧社区服务平台，提升社区服务质量的实践经验
9	中化兴中石油转运（舟山）有限公司	运用信息技术打造智能物流平台的经验

资料来源：中国质量协会，赛迪智库整理，2021.4。

第三节　中国工业品牌发展情况

2020 年，新冠肺炎疫情肆虐和逆全球化趋势加剧给我国工业品牌发展带来巨大挑战，但随着新一轮科技革命和产业变革的深入推进，我国经济发展进入新常态，以"三新"（新产业、新业态、新模式）经济为核心的新动能正在加速成长，成为推动我国经济平稳增长和经济结构

第二章 2020年中国工业技术创新进展情况

转型升级的重要力量，也成为促进我国工业品牌发展的重要推手。我国在工业品牌建设工作上提出很多新举措，工业品牌发展出很多新模式和新业态，催生了众多新品牌。

一、工业品牌发展的"三新"成效

（一）工业品牌建设工作新举措频出

2020年初，工业和信息化部办公厅《关于做好2020年工业质量品牌建设工作的通知》（工信厅科函〔2020〕59号）发布，明确要深化开展工业品牌培育，一方面支持行业、地方和专业机构继续组织开展企业品牌培育标准宣贯活动，推动开展品牌管理体系成熟度评价；另一方面鼓励品牌宣传，围绕中国品牌日策划组织专题活动，指导开展中国工业品牌之旅、品牌故事大赛、品牌创新成果发布等活动，以持续提升工业品牌形象。此外，各地方也积极推进工业品牌建设。例如，福建省工业和信息化厅印发《关于2020年福建省工业质量品牌建设工作要点的通知》（闽工信函科技〔2020〕167号），明确要引导企业构建品牌战略，积极参与工业企业品牌培育管理体系标准宣贯活动，建立品牌培育工作机制，增强品牌培育能力，提升品牌价值，加快形成一批主业突出、竞争力强、拥有自主品牌的行业领军企业。2020年10月，浙江省品牌建设联合会2020年会员代表大会、"品字标浙江制造"标准发布会在义乌召开。会议从保障先进团体标准供给、加强产业标准体系系统构建等六个方面，提出"十四五"时期"品字标"工作规划建议。还有广东、陕西等多省都印发了质量品牌工作计划，明确指出要根据各地发展特征积极推进品牌建设。

（二）工业品牌发展新模式频出

随着智能制造、"互联网+"、大数据等新一代信息技术与工业的深度融合，产业向智能化、数字化转型升级步伐加快，同时催生了很多新业态和新模式。直播电商、线上线下融合等新业态为工业品牌发展打开了新的市场空间，"制造+服务"模式丰富了工业品牌的内涵和价值，"线上展会"新模式突破了传统展销受到的空间和时间局限，可以快速提升

033

工业品牌的知名度和影响力。其中值得一提的是，广东省汕头市澄海区政府积极探索"玩具+直播""玩具+短视频"等新模式，设立外贸新业态 200 万元专项资金，扶持在澄海区注册的跨境电商清关服务类出口模式以及市场采购贸易出口模式的企业。对于获得淘宝直播、京东、拼多多等知名直播平台授牌"直播基地"且达到一定规模的企业给予一次性奖励 10 万元。另外，澄海区政府正加快培育一批网上展会，安排 200 万元支持打造"线上展会"。

（三）工业新兴品牌频出

2020 年，新冠肺炎疫情肆虐，推动"宅消费"增长，打开了全新消费场景和全新品牌消费空间。同城配送服务不断完善，大量商超联合天猫、京东等电商平台着力开展到家业务。同时，三四线城市、农村线上消费习惯得以培育和强化，电商渗透率进一步提升。另外，疫情对人们的生活方式、价值观念都产生了一定影响，例如，对于家居环境的关注、运动健康生活方式的推崇，进而推动智能家居、运动服饰等行业品牌热销。"双十一"期间，天猫的智能家居生态销售额 2 分钟破亿元，1 小时卖出了超过 100 万台智能家居设备。新生品牌快速崛起，"双十一"期间，16 个上线天猫不足 3 年的新生品牌成交额过亿元，涵盖美妆、食品饮料、消费电子、智能家居等品类，而上年同期仅有 11 个新生品牌成交额过亿元。大量新生品牌深入挖掘消费者差异化和多样化的需求，凭借"网红"属性和强有力的营销手段，实现了快速销售放量，开辟了新生品牌打开市场的新路径。国产品牌也呈现快速发展态势，根据天猫数据，"双十一"期间，家电 3C 行业的"亿元俱乐部"中，国产品牌占比超过 80%；根据京东数据，"双十一"期间，13173 个国产品牌成交额增速超 2 倍，205 个老字号品牌成交额翻番，销售过亿元的品牌中有 81% 为中国品牌。

二、工业品牌发展存在的问题

当前，尽管我国的工业品牌发展已经取得很大成就，但我国仍然不是制造强国，工业品牌的数量、价值与欧美发达国家相比仍然有很大差距。国内工业品牌小、散、多的现象仍然严重，高端品牌供给不足和品

牌整体竞争力不强等问题仍然突出。从 2020 年 BrandZ™全球最具价值品牌百强榜的品牌数量上看，美国上榜品牌数量远高于我国，特别是在科技类品牌方面，我国与美国差距明显，如图 2-6 所示。从品牌价值上看，美国品牌总价值及其科技类品牌总价值皆高于我国，如图 2-7 所示。我国汽车行业的品牌价值也远不及欧美国家产品。据统计，2020 年《财富》世界 500 强榜单中共包涵了 23 家汽车企业，我国车企共有 6 家上榜；但这 6 家上榜车企的利润之和，都不及排名靠前的日本丰田或德国大众中一家的利润。

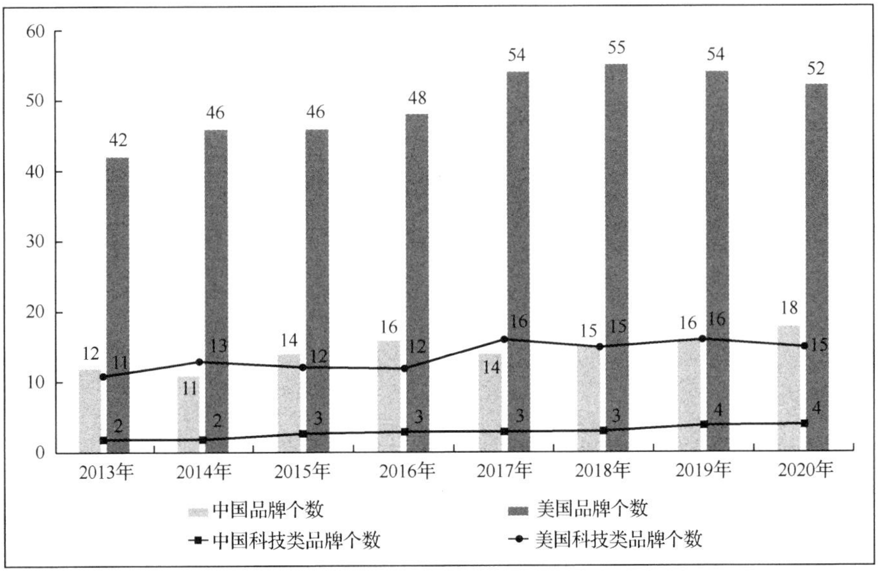

图 2-6　2013—2020 年 BrandZ™全球最具价值品牌百强榜中美品牌数量和科技类品牌数量情况

数据来源：赛迪智库整理，2020.8

究其根本原因，主要有三个方面：一是产业供应链不可控，很多产业的核心零部件国产化率低，制约着我国工业产品品牌的持续发展。例如，机器人产业中减速器、伺服系统和控制器这三大核心零部件占工业机器人成本的 70%左右，而这些核心零部件多数需要进口，直接影响我国机器人产品品牌的利润水平和竞争力。二是品牌意识觉醒晚，在研发、设计等方面滞后，导致品牌价值不及欧美、日本等发达国家和地区。例如，在英国独立品牌业务评估咨询公司 Brand Finance 公布的"2020 年全球品牌组合价值最高的十大汽车集团"排行榜中，第九名中国吉利汽车的品牌价值是 180 亿美元，而榜首大众集团的品牌价值是 1136 亿美元。三是品牌宣传模式创新不足，信息不对称使很多优质品牌无法传播出去。例如，中国很多卫浴产品在标准、产品质量方面与日本相比差异不大，但在市场份额和口碑方面却远不及日本产品。国标 GB 4706.53—2008《家用和类似用途电器的安全》与日本标准 JIS C9335—2—84 以及国际电工委员会标准 IEC60335—2 的要求是一样的，很多中国企业都在为日本、欧美企业贴牌生产，但是消费者并不知道这些信息，导致中国的卫浴产品品牌发展远不及日本。

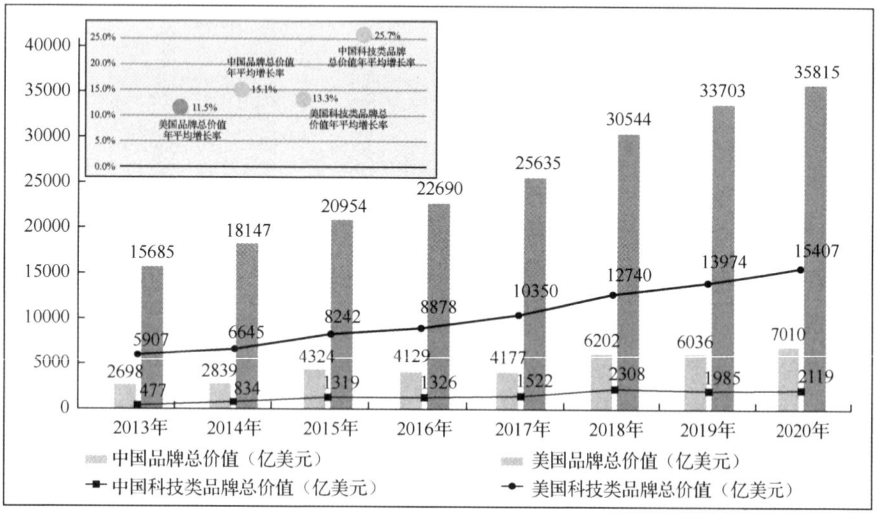

图 2-7 2013—2020 年 BrandZ™全球最具价值品牌百强榜
中美品牌价值和科技类品牌价值情况
数据来源：赛迪智库整理，2020.8

三、工业品牌发展政策建议

（一）加强顶层设计，统筹推进工业品牌建设

一是立足长远制定国家工业品牌长期发展规划，结合我国工业品牌

当前的发展情况，明确各行业品牌发展定位、目标及关键问题等，健全工业品牌建设机制，完善支持品牌建设的政策体系和财政支持方案。二是加大产业研发投入力度，促进技术创新、设计能力等方面的提升，以提高工业产品的品牌价值和附加值，促进我国工业品牌向中高端发展。三是营造工业品牌建设的良好社会氛围，加强我国工业品牌诚信建设、营销模式创新等，破除我国工业品牌传播障碍。

（二）尊重市场，坚持以企业为主体推进品牌建设

品牌建设本质上属于市场行为，需要以企业为主体切实增强品牌意识建设工业品牌。需要引导大中型企业在不断提升产品质量、加强创新的基础上强化品牌培育和建设，明确品牌的市场定位、特色和发展路线，逐渐增强自主品牌的影响力、信誉度和忠诚度。需要激励一些百年老店积极发挥自己的品牌优势，在新时代下赋予品牌新价值，让百年品牌走得更远。需要鼓励一些中小企业积极打造自己的品牌，形成自己的发展优势以不断增强企业的竞争力。

（三）明确战略，有重点有抓手加快推动工业品牌发展

品牌建设是一项复杂而系统的工程，品牌发展不可能一蹴而就。要制定明确的品牌发展战略，优化资源配置，分行业、分区域做好产业布局，充分发挥龙头企业的引领作用，有重点地逐步推进品牌发展。一是要重点推进品牌敏感度高的行业加强品牌建设，如轻工、纺织、电子信息等消费品领域，率先实现这些行业品牌向中高端发展。二是积极鼓励拥有资源优势的龙头企业加强品牌建设，以带动行业整体品牌健康发展，提升自主品牌的国内国际影响力。三是积极推动产业集聚区打造区域品牌，增强区域品牌凝聚力和知名度，提升区域品牌竞争力。

（四）鼓励创新，注入品牌发展新活力

拥有自主创新能力是品牌可持续发展的原动力，决定着品牌能走多远和走多久。把持续增强自主创新能力放在首位的品牌建设，是解决我国大多数产业被"两头在外"的全球价值链束缚问题的根本出路，

也是提升我国工业品牌整体竞争力的不二选择。一是要鼓励关于产业关键核心技术的创新，增强品牌的核心竞争力。二是要鼓励工业设计创新，增强品牌的附加值。三是要鼓励质量管理创新，为品牌价值提升夯实质量基础。四是要鼓励品牌营销模式创新，增强品牌传播能力和影响力。

2020 年工业技术创新热点问题

"十四五"规划纲要指出，要坚持创新在我国现代化建设全局中的核心地位，把科技自立自强作为国家发展的战略支撑，深入实施科教兴国战略、人才强国战略、创新驱动发展战略，完善国家创新体系，加快建设科技强国。对于中美两大制造业创新载体而言，国家科学中心如何支撑区域高质量发展，培育制造业产业集群区域品牌，探索国家高新区发展新路径，强化科技创新支撑，提升国家生物安全治理能力成为新的关注热点。

第一节 中美两大制造业创新载体评价体系对比研究[①]

国际金融危机后，为提升本国制造业创新能力，中美两国各自部署建设了新型产业创新载体，即中国制造业创新中心和美国制造业创新研究院，并分别建立了评价体系，对创新载体进行评估考核。

一、中美两大制造业创新载体评价体系概况

（一）美国评价体系概况

2012 年，美国建设了由国防部、能源部和商务部发起和提供联邦资助的国家制造业创新研究院（以下简称"创新研究院"）；美国先进制造国家计划办公室在 2015 年 8 月和 2016 年 2 月分别发布了《创新研究

---

① 资料来源：赛迪前瞻 2020 年第 39 期。

院绩效指标指南：国家制造业创新网络》和《制造业创新网络战略规划》，初步构建了创新研究院的评价框架和指标体系。评价指标与"制造业-美国"计划发展目标的映射关系如表 3-1 所示。美国创新研究院评价指标体系如表 3-2 所示。

表 3-1　评价指标与"制造业-美国"计划发展目标的映射关系

一级指标	目标 1：提升美国制造业竞争力	目标 2：促进创新技术向规模化、经济和高绩效的本土制造业能力转变	目标 3：加速先进制造业劳动力发展	目标 4：支持帮助制造创新机构稳定、可持续发展的商业模式
对美国创新生态系统的影响	●	●		●
金融杠杆		●		●
科技进步	●	●		
促进先进制造业劳动力的发展	●		●	

表 3-2　美国创新研究院评价指标体系

序号	一级指标	二级指标	构成单位
1	对美国创新生态系统的影响	拥有机构成员身份的合作机构数量	成员总数
2		成员类别	大型制造商数量（>500 名员工） 小型制造商数量（≤500 名员工） 学术界成员数（大学、社区大学等） 其他实体的数量（政府成员、政府实验室、非营利组织等）
3	金融杠杆	每财年合作投资总额	每财年的费用分摊额以及不属于基本联邦资金的任何资金
4	科技进步	活跃研究和发展项目的数量和价值	每财年正在进行的项目数（已完成、已开始和跨越财年的项目）本财年研究所总支出

续表

序号	一 级 指 标	二 级 指 标	构 成 单 位
5	科技进步	各财年主要项目技术目标完成率	每财年达到的关键里程碑百分比
6	促进先进制造业劳动力发展	STEM活动	参加创新研究院项目或实习项目/培训的学生人数
			获得由创新研究院颁发证书、完成创新研究院培训计划的员工人数
7		教师和培训师的数量	参加创新研究院培训的教师或培训人员人数

（二）我国评价指标体系概况

2016 年，我国启动了国家制造业创新中心（以下简称"创新中心"）建设工程。2018 年 6 月，工业和信息化部印发了《国家制造业创新中心考核评估办法（暂行）》（以下简称《考评办法》），对已建成运行满 1 年的创新中心，每年进行考核，每 3 年进行评估。《考评办法》明确了评价的指标体系。我国创新中心考评指标和考评方向如表 3-3 所示。

表 3-3　我国创新中心考评指标和考评方向

序号	一 级 指 标	二 级 指 标	考 评 方 向
1	建设目标完成情况	—	创新中心建设方案目标完成程度
2	创新资源	创新队伍	从事研发和相关技术创新活动的科技人员占比、团队稳定程度和领军专家情况等
3		创新资金	研发费用占比情况
4	核心定位	共性技术	技术目标的实现程度和专利取得情况
5		创新活动	技术创新活动开展情况和本领域国家级项目的承担情况等
6	协同化	资源聚集	企业、科研院所、高校、国家级创新平台等各类创新主体的集聚情况
7		资源共享	仪器、设备等资源的开放共享程度

041

续表

序号	一级指标	二级指标	考评方向
8	市场化	核心成员情况	股东成员中行业龙头企业的覆盖程度，金融机构或社会资本的参与程度，以及对"一股独大"现象的规避程度
9	产业化	中试设备	中试条件的建设状况
10		成果扩散	孵化企业等技术转移扩散的实现程度
11		技术标准	对标准制定的引领程度
12	可持续发展	经营情况	创新中心创收和实现盈利的程度
13		体制机制	市场化运行、成果转移扩散机制、知识产权协同运用机制等的建设程度
14		规划目标	创新中心对于未来发展的规划程度

二、中美两大制造业创新载体评价体系对比

在评价体系内容上，美国注重结果导向，我国兼顾过程管理。美国的评价体系中，评价内容与"制造业-美国"计划的四大目标直接挂钩，以产出结果衡量建设效果。相比之下，我国的评价内容更加细致务实、全面系统，兼顾考察过程管理和建设效果，综合考量创新中心设定目标的完成程度、创新资源集聚情况，以及核心定位的完成情况、协同化、市场化和产业化水平与可持续发展状况，不仅衡量创新中心的建设和运营状态，还衡量创新中心对制造业创新发挥的能效。

在评价工作实施上，美国只注重一般意义上的指导性工作，而我国的评价体系和规则更加正式规范。美国除了基于创新研究院自评结果的官方评价，还包括第三方机构受委托开展的独立评价，我国的评价工作是严格遵循考评办法实施的政府行为，由工业和信息化部指定第三方机构具体落实，评价流程包括拟定考核方案、提交考评报告、组织专家开展考评和打分等，评价活动唯一且具有很强的权威性，是政府部门组织的审计式"硬"考核。

在评价结果运用上，美国倾向于统计观察，而我国重视建设指导。美国评价结果主要运用在三个方面：一是用于向美国国会等政府部门说

明"制造业-美国"计划的建设情况；二是作为全国各创新研究院之间研讨合作和管理改进的基础材料；三是向公众公开，用于第三方机构、学术机构或个人对创新研究院的探究和了解。我国的评价结果不仅能做到定量和定性的统计分析，而且直接作用于创新中心建设和运行，评价结果由第三方评价机构报送工业和信息化部，工业和信息化部依据评价结果，对各创新中心实施奖励或整改，确保创新中心建设和运行符合国家战略预期。

三、关于我国评价体系优化的思考

畅通信息渠道。一是搭建信息资源平台，构建政府部门、各创新载体和相关机构之间的信息双向交流渠道。二是组织创新载体之间的信息交流活动。三是建立与第三方咨询机构、学术团队和行业专家之间的信息联络制度。

提升监测水准。采取有效措施，将评价工作的侧重点从事后评价转向过程监测。一方面，加强对数据获取的规范性指导，引导创新载体形成定期评价数据收集、存储和维护的机制，为政府部门及时获取监测数据创造条件；另一方面，建立长效跟踪调查机制，针对创新载体形成定期走访、信息动态收集汇总、调研结果报送和反馈等常态化的工作制度。

完善诊断机制。一是建立理论模型，为创新载体的评价诊断提供理论指导。二是优化诊断方法，建立数据获取分析、比对研究、政府投资评价等体系化的分析工具集合，提升评价诊断活动的规范性。三是完善评价指标体系的动态调整机制，根据创新载体发展的不同阶段及时调整和修订评价指标，对于已经达到平稳运行状态的创新载体，将评价重点向产出倾斜。

优化指导能力。绩效评价的目的是规范创新载体的后续建设，必须持续提升基于评价结果的业务指导能力。一方面，完善和细化相关配套措施，为创新载体的技术路线制定、资源管理和可持续发展等提供指导和资源支持。另一方面，推动相关机构提升研究能力，针对创新载体运行过程中的共性问题，深入研究并提出解决路径；针对特定创新载体的个性化需求，有能力提供相应的定制化服务和协助。

第二节　国家科学中心如何支撑区域高质量发展[①]

一、国家科学中心的内涵

（一）概念

中国科学技术大学知识产权管理方向博士王智源在 2016 年提出了综合性国家科学中心的内涵，他认为综合性国家科学中心是经国家法定程序批准设立的，依托先进的国家实验室、创新基地、产学研联盟等重大科技基础设施群，支持多学科、多领域、多主体、交叉型、前沿性基础科学研究、重大技术研发和促进技术产业化的大型开放式研发基地。

（二）三大特征

目前，国家科学中心的内涵还没有定论，基于业界对综合性国家科学中心内涵的阐释，可以总结出国家科学中心具有综合性、国家性和开放性三大典型特征。

（三）四大功能定位

一是提升基础研究水平，提高原始创新能力。二是提高技术创新能力，加快技术创新扩散。三是促进产学研融合，推动科技成果转化。四是培养高精尖人才，打造高层次人才聚集高地。

二、我国四大国家科学中心的建设路径对标分析

（一）上海张江综合性国家科学中心

2016 年 2 月，中国科学院和部属重点高校主要参与建设的上海张江综合性国家科学中心获批，成为我国第一个综合性国家科学中心。该

---

① 资料来源：赛迪内刊 2020 年第 5 期。

中心推动了一大批科学行动计划实施，旨在前沿交叉领域实现重大原创性突破，培育和吸引全球顶尖创新资源汇聚张江，加快高端创新平台的建设步伐，面向国内外引进高水平科技创新人才，形成支撑国家科学中心发展的创新资源"蓄水池"。上海张江综合性国家科技中心建设情况如表 3-4 所示。

表 3-4   上海张江综合性国家科技中心建设情况

序号	项目分类	具 体 内 容
1	大科学装置	上海光源一期、国家蛋白质设施、上海光源二期、超强超快激光装置、活细胞成像台、软 X 射线自由电子激光装置、硬 X 射线自由电子激光装置、活细胞结构与功能成像、海底长期观测网、高效低碳燃气轮机试验装置、纳米自旋与磁学线站、动力学研究线站、质子治疗装置的加速器系统等
2	科学行动计划	类脑智能科技行动计划、能源领域科技行动计划、纳米科技行动计划等
3	科技创新平台	张江实验室、李政道研究所、国际人类表型组创新中心、中美合作干细胞医学研究中心、上海转化医学研究中心等
4	高等院校	上海科技大学、中科院上海高等研究院、中科院上海生命科学研究院、中国航空研究院上海分院、复旦大学（张江校区）、上海交通大学（张江校区）等

资料来源：赛迪智库整理，2020.11。

（二）合肥综合性国家科学中心

2017 年 1 月，由安徽省政府牵头，与中国科学院共同进行建设的合肥综合性国家科学中心获批。合肥综合性国家科学中心聚焦能源、信息、材料、生命、环境等科学领域，开展多学科交叉研究、研发变革性技术、催生战略性新兴产业，致力成为国家创新体系的基础平台、科学研究的制高点、经济发展的原动力、创新驱动发展先行区。合肥综合性国家科学中心建设情况如表 3-5 所示。

2020—2021年中国工业技术创新发展蓝皮书

表 3-5　合肥综合性国家科学中心建设情况

序号	层级	具 体 内 容
1	核心层	实验室：同步辐射国家实验室、量子信息科学国家实验室、新能源国家实验室。 大科学装置：全超导托卡马克核聚变实验装置（EAST）、稳态强磁场实验装置（SHMFF）、同步辐射实验装置、中国聚变工程实验堆（CFETR）、合肥先进光源（HALS）、大气环境立体探测实验研究设施（AEOS）
2	中间层	高校和科研机构：中国科学技术大学、合肥工业大学、中科院合肥物质科学研究院等。 前沿交叉研究平台和共性技术研发平台：天地一体化信息网络合肥中心、合肥微尺度物质科学国家研究中心、国家新一代人工智能开放创新平台、地球和空间科学前沿研究中心等
3	外围层	中国科学技术大学先进技术研究院、中科院合肥技术创新工程院等高端技术创新平台
4	联动层	量子通信与计算机研究等重大科研项目和重大科技专项

资料来源：赛迪智库整理，2020.11。

（三）北京怀柔综合性国家科学中心

2017 年 5 月，由北京市和中国科学院共同建设的北京怀柔综合性国家科学中心获批。北京怀柔综合性国家科学中心在北京全国科技创新中心的大布局下建设，使怀柔科学城建设成为与国家战略需要相匹配的世界级原始创新承载区的核心支撑、引领全球科学发现和重大前沿技术突破的新引擎、推动北京市高质量发展的新动能。北京怀柔综合性国家科学中心建设情况如表 3-6 所示。

表 3-6　北京怀柔综合性国家科学中心建设情况

序号	项目分类	具 体 内 容
1	大科学装置	高能同步辐射光源、综合极端条件实验装置、地球系统数值模拟装置、空间环境地基综合监测网（子午工程二期）、多模态跨尺度生物医学成像设施、自由电子激光等

第三章　2020年工业技术创新热点问题

续表

序号	项目分类	具体内容
2	重点实验室	多相复杂系统国家重点实验室、物质科学实验室和空间科学实验室、分子纳米结构与纳米技术院重点实验室、先进能源动力重点实验室等
3	协同创新交叉研究平台	脑认知功能图谱与类脑智能交叉研究平台、京津冀大气环境与物理化学前沿交叉研究平台等
4	创新环境建设	雁栖国际社区

资料来源：赛迪智库整理，2020.11。

（四）深圳综合性国家科学中心

相较于其他三大综合性国家科学中心，深圳综合性国家科学中心在基础研究和应用基础研究上较薄弱，未来可从六个方面加快建设。一是围绕材料科学、信息科学等领域，建设国家级的重大科学基础设施，为各个领域的专业研究提供先进的科研手段。二是加快建设鹏城实验室和深圳湾实验室，以发展成为国家实验室为目标，致力在人工智能、网络空间安全、生物医药领域实现重大突破。三是筹建生物学研究平台、脑认知功能图谱与类脑智能交叉研究平台、精准医学与大数据前沿交叉研究平台等一批前沿交叉平台。四是依托中山大学深圳校区、中国科学院深圳理工大学等高水平大学，建立科教融合集群。五是以促进先进科技成果产业化为目标，建立产学研联合实验室、科技成果转移转化平台等，打造高端技术的中试转化基地。六是通过建设综合性国家科学中心开放创新先导区，构建与国际接轨的科技创新服务体系，努力在科技创新的市场化和国际化方面进行探索。深圳综合性国家科学中心建设情况如表3-7所示。

表 3-7　深圳综合性国家科学中心建设情况

序号	项目分类	具体内容
1	大科学装置	未来网络基础设施、深圳国家基因库、国家超级计算深圳中心、空间环境地面模拟装置深圳拓展设施、空间引力波探测地面模拟装置、脑模拟与脑解析设施、合成生物研究设施、多模态跨尺度生物医学成像装置、材料基因组平台

047

续表

序号	项目分类	具 体 内 容
2	重点实验室	鹏城实验室、深圳湾实验室
3	前沿交叉研究平台	生物学研究平台、脑认知功能图谱与类脑智能交叉研究平台、精准医学与大数据前沿交叉研究平台
4	高等院校	中山大学深圳校区、中国科学院深圳理工大学等
5	开放创新	综合性国家科学中心开放创新先导区

资料来源：赛迪智库整理，2020.11。

三、三点建议

一是加强顶层设计和组织协调，明确综合性国家科学中心战略定位。二是秉承开放共享理念，打造综合性国家科学中心产学研协同创新生态体系。三是加强科技金融支持，提高综合性国家科学中心可持续发展能力。

第三节 "三新"经济下的制造业产业集群区域品牌培育路径[①]

随着新一轮科技革命和产业变革的深入推进，我国经济发展进入新常态，以"三新"（新产业、新业态、新模式）经济为核心的新动能正在加速成长，成为推动我国经济平稳增长和经济结构转型升级的重要力量。2020 年新冠肺炎疫情发生之后，"三新"经济下制造业发展新趋势强调要加快推进产业数字化转型，壮大实体经济新动能。对于打造产业集群区域品牌来说，"三新"经济的发展为产业集群区域品牌建设赋予了新动能。

---

① 资料来源：赛迪内刊 2020 年第 4 期。

一、制造业产业集群区域品牌发展的现状及问题

（一）主要分布

2014—2017 年，工业和信息化部连续 4 年发布产业集群区域品牌建设试点工作组织实施单位名单，4 批共 109 个。从地域分布来看，这 109 个产业集群区域品牌建设试点分布在东部地区、中部地区、西部地区、东北部地区。从产业类型来看，行业分布广泛，传统制造业居多。产业集群区域品牌建设试点涵盖了 108 个行业，产业选择以传统产业为主，同时包含部分战略性新兴产业。

（二）四类主体

1. 地方政府

品牌培育过程中，地方政府首先为制造业产业集群区域品牌发展提供政策优惠、制度保障、基础设施等必要条件；在确定区域品牌定位、特色、发展方向等方面发挥着顶层设计作用；通过政策引导等措施吸引行业内优秀企业以及配套企业入驻，共同打造区域品牌。

2. 行业协会

品牌发展过程中，行业协会对内发挥质量监督、信用评价、资源整合、协作创新的作用；对外发挥品牌打造、品牌维护的作用。

3. 龙头企业

龙头企业具有强烈的品牌意识与能力，同时具备形成区域品牌的动力机制和竞争优势，有意愿、有能力推动区域品牌的形成；处于核心地位，吸引相关中小企业竞相创立新的企业品牌，进而共同形成区域品牌。

4. 中小企业

中小企业是制造业产业集群最主要的组成部分，是区域品牌打造过程中的重要贡献者和直接受益者，通过专业市场推动产业发展，提升市场竞争力，促进区域品牌的形成。

（三）培育过程中的三大问题

一是传统产业运用新商业模式运营产业集群区域品牌的意识不强，依然面临"三新"经济下建设产业集群区域品牌的难题。

二是区域品牌发展创新能力不足，尚未与新兴技术发展进行深度融合，导致"三新"经济下品牌凝聚力不强。

三是品牌产权主体不清，区域品牌治理体系不完善，导致"三新"经济下区域经济可持续发展能力不强。

二、案例分析

（一）澄海玩具：依靠电商直播新模式扩内销，探索外贸新业态

1. 主要背景

汕头澄海玩具产业集群从 20 世纪 70 年代末兴起，1978 年，汕头澄海二轻工艺一厂与香港客商签订全县第一份娃娃玩具来料加工合同。目前，澄海已经成为全球闻名的玩具生产和出口基地之一，是国内产业配套最完善、规模最大、创新能力最强、市场占有率最高的玩具生产基地。

2. 主要做法

第一，"真金白银"推广区域品牌。通过政府、协会、媒体等协力打造区域品牌，能够更快地发挥品牌效应。澄海区政府安排 200 万元以上专项资金，对澄海玩具区域品牌进行宣传推介，扩大澄海玩具在国内外的知名度和影响力。组织重点展览展销会，对展位费给予扶持；对年出口额达到 1000 万美元以上的企业实施差异化奖励；对外贸出口额比上年同期实现正增长的企业给予奖励。

第二，探索"玩具+直播""玩具+短视频"等新模式，推动发展外贸新业态，打造网络直播基地和培育网上综合展销平台。澄海区政府设立外贸新业态专项资金，扶持在澄海区注册的跨境电商清关服务类出口模式及市场采购贸易出口模式的企业。为帮助玩具企业拓展销售渠道，澄海区电子商务产业协会推动玩具工厂与电商平台京喜携手打造工厂直销示范基地，为玩具企业"外贸转内销""线下转线上"提供培训和孵化服务。

（二）乐清电器：发展"智能电气"新产业，探索"制造+服务"新商业模式

1. 发展背景

乐清是温州模式的发祥地，是"中国低压电器之都""中国电子元器件生产基地""国家新型工业化示范基地""国家火炬计划智能电器产业基地"，拥有我国最大的低压电器产业集群，是国内电气全产业链发育最完整的区域，集聚了国内著名的电气企业。近年来，乐清以创建国家先进制造业集群、省传统制造业改造提升分行业试点和温州市传统产业重塑计划为契机，全力打造电气先进制造业产业集群。

2. 主要做法

第一，发展"智能电气"新产业，推动千亿级电气产业集群向智能电气世界级产业集群转型升级，打造具有全球影响力的区域品牌。近年来，乐清电气企业加快数字化转型，产业集群的智能制造水平达到工业3.0阶段，乐清市政府出台了浙江省力度最大的技改扶持政策，支持机器人产品推广应用。

第二，发展"制造+服务"新商业模式，加速产业集群的服务化转型。乐清电气产业集群坚持以新理念、新科技、新动能引领电气产业高质量发展，规模以上企业服务化发展覆盖率达到70%以上，逐渐由提供设备向提供系统总集成总承包服务、由提供产品向提供整体解决方案转变，实施全生命周期管理服务。

（三）盛泽纺织：探索"互联网+"新产业，打造"时尚之都"新业态

1. 发展背景

苏州市吴江区盛泽镇是拥有悠久历史的丝绸纺织重镇，被称为"千年绸都"。目前，盛泽拥有无梭织机25万台左右，年产各类纺织服装面（里）料230多亿米，约占全国的45.3%，年产化纤丝500万吨，约占全国的1/7，被中国纺织工业联合会授予"中国丝绸名镇"和"中国纺织名镇"称号。

2. 主要做法

第一，用"互联网+"引领智能制造，重点发展科技含量高的新产

业。着力巩固智能化先发优势，激发"互联网+纺织"创新，加速规上企业上云进程。推广智能制造标准化建设，推进以"机器换人"为重点的智能示范车间建设，打造"智能生产+智慧市场+柔性供应"的智慧产业集群，推动"纺织织造"向"纺织智造"转变。实施大数据战略，推进数据资源共享，拓宽品牌交易渠道。

第二，用时尚为产业赋能，让纺织产业嫁接时尚创意。以建设世界级纺织产业集群先行区为契机，以绿色、科技、时尚为方向，全面提速创新引领的"时尚之都"建设，全力打造时尚之都新名片，探索转型升级新路径。通过政府搭建时尚创意平台载体，举办时尚周、中国时尚设计大赛等活动，引进创意人才，推动纺织产业向产业链中高端迈进，提升"盛泽纺织"区域品牌的活力。

（四）案例经验

从新产业的角度来看，智能制造、"互联网+"、从传统纺织到时尚生态等作为新产业成为产业集群转型升级的重要方式，传统产业可以由此向智能化、数字化转型，产业集群获得新的生命活力，同时产业集群区域品牌的知名度和影响力也获得进一步提升。

从新业态的角度来看，直播电商、线上线下融合等新业态为产业集群内的企业打开了新的市场空间，成为产业集群提升竞争力的重要契机，也为产业集群区域品牌打造开拓了新的场地。新媒体宣传、与电商平台合力推广产业集群区域品牌等成为区域品牌推广的重要部分。

从新商业模式的角度来看，从制造到"制造+服务"的转变可以成为产业集群在新商业模式形势之下的转型升级路径之一，进而丰富产业集群区域品牌的内涵和价值。从传统的展销会转为"线上展会"方式，改变了以往受到空间、时间局限的销售形式，是新商业模式的一种体现，这既能在短期内提升产业集群内部企业的销量，也能以相对便利的方式触达更多的消费者，提升产业集群区域品牌的知名度和影响力。

三、发展路径研究

（一）总体思路

首先，定位要新。站在全球经济发展的高度，以打造制造业高品质、

高价值的自主品牌为方向，通过有效整合资源以提高我国制造业区域品牌竞争力。其次，方法要新。积极运用互联网、大数据、人工智能等新兴技术搭建产业集群区域品牌建设平台，努力推动技术创新、质量管理创新、服务创新等。最后，机制要新。品牌培育的主体不局限于政府、龙头企业、行业协会、中小企业，创新区域品牌的运营体系需要最大限度调动各个利益相关者，发挥区域品牌效应。

（二）动力分析

从受益者视角出发，制造业产业集群区域品牌建设的动力主要分为外部动力、内部动力两方面。首先，核心受益者仍然是市场经济活动的主体——制造业企业，企业是制造业产业集群区域品牌培育的内部动力来源。其次，建设区域品牌有利于提升区域经济竞争力，推动区域内制造业转型升级，政府、协会等也是制造业产业集群区域品牌培育的重要外部动力，区域内的社会活动者、社团等都是区域品牌的间接受益者。其运行机制如图 3-1 所示。

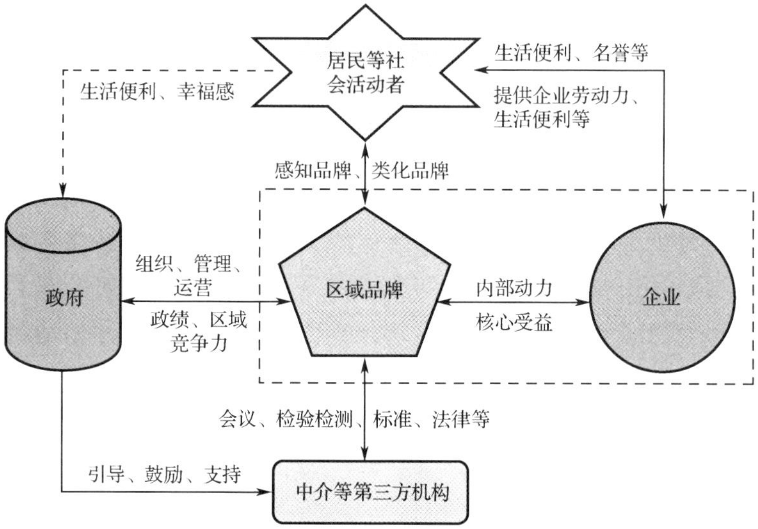

图 3-1　产业集群区域品牌培育运行机制
资料来源：赛迪智库整理

（三）路径探索

针对新技术应用集聚区，以夯实区域品牌质量基础为重点，加强政府主导、企业主体、协会和中介机构服务的联合作用。

针对新业态发展集聚区，以提升区域品牌的产业黏性为重点，积极发挥协会、中介机构的平台支撑+政府支持+企业主体的联合效应。

针对新商业模式发展集聚区，以提升区域品牌的知名度为重点，要打好协会及中介机构主导、企业主体、政府积极支持配合、居民等其他社会活动者积极响应的组合拳。

第四节　加快"新基建"布局，探索国家高新区发展新路径[①]

新型基础设施具有强外部性、公共产品属性、受益范围广、规模经济等特点，其创新示范效应决定了高新区基础设施建设必须适度超前、必须走在经济社会发展的需要前面，否则将制约我国区域经济社会发展。

一、合肥高新区：聚力打造人工智能"国家队"

合肥国家高新技术产业开发区（简称"合肥高新区"）是 1991 年经国务院批准的首批国家级高新区，是合肥综合性国家科学中心的核心区、国家自主创新示范区和首批国家双创示范基地。合肥高新区人工智能产业以类脑智能技术及应用国家工程实验室、量子信息国家实验室等多个国家级实验室为重要支点，推动产学研协同创新，发展特色人工智能产业，打造人工智能创新发展高地，形成了"耳聪目明，心灵手巧"的特色人工智能产业结构，继而打造"一核两区多园"的产业空间布局。

---

① 资料来源：赛迪内刊 2020 年第 2 期。

二、厦门高新区：具备完整的新能源智能汽车产业链

厦门火炬高技术产业开发区（简称"厦门高新区"）创建于1990年，是全国首批国家级高新区之一，也是全国三个以"火炬"冠名的国家高新区之一。厦门高新区新能源汽车产业以项目为牵引，打造了完整产业链条；以推广应用作为产业发展抓手，打造了动力电池、电池材料、车联网、软硬件双驱动、整车到终端用户等产业生态圈。厦门市拥有新能源智能汽车整车企业2家、零部件企业30多家，同时拥有配套服务平台和良好的产业终端需求。依托良好的IC和软件信息等高科技产业集群优势，厦门快速吸引新能源智能汽车产业链配套和相关领军企业项目落地。

三、昆山高新区：前瞻布局半导体芯片产业

2010年9月，昆山高新技术产业园区经国务院批复升级为国家高新区（即昆山国家高新技术产业开发区，简称"昆山高新区"）。新一代电子信息技术产业是昆山高新区的"常青树"产业。作为全球闻名的电子信息产业重镇，昆山呈现出消费电子、新型平板显示、通信、集成电路等产品"一强多元"的产业结构。通过以重大项目引领产业发展，创新招商引资模式，重视与大院大所合作，全市形成了以两个国家级园区（昆山开发区、昆山高新区）为龙头，各区镇联动发展的产业空间格局。依托雄厚的产业基础，围绕发展新一代电子信息产业，昆山加快实施"强芯亮屏"战略，特别是全力壮大半导体产业。

四、贵阳高新区：以大数据引领高质量发展

贵阳国家高新技术产业开发区（简称"贵阳高新区"）是1992年经国务院批准建立的贵州省首家国家级高新区，是贵州省大数据产业发展集聚区和"1+8"国家级开放创新平台之一，是贵阳市"四轮驱动"之一。目前，已建立"1+N"的大数据产业新体系。贵阳高新区制定出台的《高质量发展重点工作及项目》，开启了创新驱动、数据引领、质量第一、效益优先的高质量发展路径，使产业生态初步形成，创新要素快

速集聚，示范应用成效显著。

五、株洲高新区：着力打造"中国动力谷"

株洲国家高新技术产业开发区（简称"株洲高新区"）成立于1992年，目前已成为株洲最具活力的经济增长极、城市拓展的"主阵地"和社会文明的"展示窗"。株洲高新区城际轨道交通产业核心技术创新优势显著，且行业影响力不断扩大，引领作用明显。

六、蚌埠高新区：全力打造"创新之城·材料之都"

蚌埠高新技术产业开发区（简称"蚌埠高新区"）2010年11月被国务院批准为国家高新技术产业开发区。蚌埠高新区新材料产业坚持创新驱动发展战略，使龙头企业引领发展，聚焦关键技术攻关。目前，蚌埠市正积极创建硅基新材料国家制造业创新中心，确定了以硅基新材料、生物基新材料为两大发展方向：以新型显示、太阳能电池和特种玻璃制品三条产业链为主线，加快培育硅基新材料产业；以聚乳酸、聚丁二酸丁二醇酯、生物质热塑复合材料三条产业链为主线，加快培育生物基新材料产业。

七、泰州高新区：打造泰州医药健康产业创新中心

2009年3月，泰州医药高新技术开发区（简称"泰州高新区"）升级为国家级高新区，成为全国首个国家级医药高新区。全区16项主要经济指标增幅位列泰州市前三，8项指标增幅位列全市第一。泰州高新区针对药品生产、医疗器械、成果创新等方面，制定出台了系列政策，推动产业做大、企业做强。泰州高新区医药产业集聚发展，出台多项政策吸引高端人才，坚持医药产业对外开放。

综上所述，通过对以上7家国家高新区新基建产业创新路径进行分析，我们可以看到各国家高新区在发展新能源、新材料、新信息、新医药、大数据等方面已经形成了独具特色的发展模式。有以下三点经验值得借鉴：一是重大项目引领，明确特色产业。二是坚持创新驱动，加强应用推广。三是优化产业布局，重视政策引导。

第五节　强化科技创新支撑，提升国家生物安全治理能力①

生物安全是指国家有效应对生物因子及相关因素威胁、确保自身安全与利益处于相对没有危险和不受内外威胁状态，以及保障持续安全的能力和行为。

一、最新形势

生物安全已成为当今世界面临的重大生存和发展问题。近年来，全球人口持续增长、气候变化显著，各类自然灾害和极端天气频发。同时，随着人类在生物技术方面研究能力的进一步提高，特别是对抗疾病或病虫害中对各类化学医药、农药的滥用，导致全球范围内的生物安全风险加剧，各类新的动物源性病原体引发的传染病流行趋势抬头。

主要发达国家加快生物安全布局。美、英、日等发达国家已将生物安全纳入国家安全体系，发布了国家生物安全战略或规划。2018 年 9 月，美国政府发布《国家生物防御战略》，此后又陆续发布《美国卫生安全国家行动计划》《2019—2022 年国家卫生安全战略实施计划》，进一步完善国家生物安全的顶层设计。2018 年 7 月，英国发布《英国国家生物安全战略》，强调尽全力使本国避免重大生物安全风险。2019 年 6 月，日本提出加强国际战略合作，到 2030 年建成世界最先进的生物经济社会。

我国高度重视生物安全治理。2020 年 2 月 14 日，习近平总书记在中央全面深化改革委员会第十二次会议上指出，要把生物安全纳入国家安全体系，系统规划国家生物安全风险防控和治理体系建设，全面提高国家生物安全治理能力。中央国家安全委员会已将生物安全纳入国家非传统安全的战略视野，高度关注大规模传染病等领域。

---

① 资料来源：赛迪前瞻 2020 年第 69 期。

二、存在问题

2003 年抗击非典成功后，我国生物安全治理能力大幅提升，公共卫生服务体系建设已形成一定规模。但此次新冠肺炎疫情传播速度快、感染范围广、防控难度大，表明我国生物安全治理能力有待提升，特别是科技创新对突发传染病预防控制、重大疫情防控救治体系构建等能力还比较薄弱，主要表现在以下三方面。

第一，生物技术研发水平有待提高，核心技术和产品受制于人。这主要表现在底层基础性生物技术研发方面和生物安全相关硬件和装备方面。此外，重症医疗设备无法自给，关乎患者生命安危的重症医疗设备如 ECMO 等大型体外生命支持系统，及其上下游原材料和核心部件的研发能力不足，相关产品尚不能实现国产化。

第二，生物技术研发协同创新能力较弱，创新载体建设不足。我国生物领域的协同创新机制尚未完全建立，产学研合作效果不明显，未能形成有效的协同创新合力。在创新载体方面，主要体现为缺乏实现实验室技术向产品技术转移的创新平台和中试系统，产业共性技术供给体系缺失，产业发展的基础生物材料、生物技术基础较为薄弱等。第三方医学检测机构、影像中心、病理中心等提供检测、试验验证的公共服务平台还处于起步阶段，数量少，可提供服务项目较少。

第三，新一代信息技术在生物安全治理中的应用融合不足。从此次新冠肺炎疫情可以看到，新一代信息技术在我国生物安全治理中的应用还有待提高，大数据分析、人工智能等新技术应用普及程度不足。现有诸多市区的公共卫生监测体系在数据收集、处理、分析使用等方面，大多沿用过去"定时抽样，每周汇总"等老办法，监测手段费时费力，结果时效性差且容易出错。

三、相关建议

第一，提升生物技术创新能力，加强对药物、疫苗、医疗装备相关核心技术产品的攻关。第二，完善生物技术创新体系，加强制造业创新中心、技术基础公共服务平台等创新载体建设。第三，加快布局和建设

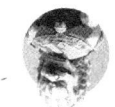

一批与生物安全领域相关的公共服务平台，提供试验验证、标准验证与检测、计量检测、认证认可关键技术、产业信息、知识产权等基础支撑和公共服务。第四，提升现代化生物安全治理能力，推动新一代信息技术在生物领域的融合应用。

少不豊

第四章

装备行业

　　随着新一轮科技革命与产业变革深入发展，我国装备行业迎来了千载难逢的发展机遇，新技术、新模式、新业态不断涌现，一批关键核心技术取得重大突破。作为国民经济和国防工业基础性、战略性领域，装备行业呈现出研发投入集中、创新活跃、辐射带动作用强等诸多特点。近年来，装备行业与云计算、大数据、人工智能等新一代信息技术深度融合，"互联网+""机器人+"等技术广泛应用，正朝着数字化、智能化、绿色化方向快速发展，将对现有生产制造方式产生变革性的影响。经过长期发展，我国装备行业规模已经连续多年居世界首位，在第三代核电装备、海洋工程装备、高速轨道交通等战略核心领域取得了诸多具有世界影响力的科研成果，形成了门类齐全且具有一定核心竞争力的产业体系。但值得注意的是，当前国际环境复杂多变，我国装备行业部分关键技术产品长期依赖进口、受制于国外的情况可能更加严峻，这给未来产业高质量发展带来了潜在风险和挑战。在此基础上，建议加强重大装备关键核心技术攻关、构建装备制造产业创新生态体系、强化装备行业人才队伍建设。

第一节　总体情况

一、重点领域技术发展、创新及产业化情况

（一）智能制造

2020 年，随着制造业数字化、智能化改造升级步伐加快，我国智

第四章 装备行业

能制造产业规模保持较快增长，行业效益水平显著提升。以工业机器人领域为例，根据工业和信息化部发布的数据，我国全年工业机器人完成产量237068台，同比增长19.1%，规模以上工业机器人制造企业营业收入达531.7亿元，同比增长6.0%，未来正朝着关键技术装备、智能制造标准、核心软件支撑等方向进一步发力，实现产业由大到强的转变。随着深度学习、机器智能等核心技术的突破与关键零部件成本的下降，我国服务机器人、分布式多自主体智能系统、智能无人工厂等领域呈现出良好的发展势头，在各行业的应用迅速扩张，进一步重构社会生产活动模式。

1. 技术创新情况

2020年，我国智能制造关键领域技术创新成绩斐然，特别是面向航空航天、高速轨道交通、智能物流机器人等领域的应用取得了一批重大技术成果。航天电器电子元器件领域，贵州航天电器股份有限公司聚焦连接器智能生产车间，通过打通产品全生命周期的数据流，重点突破软硬件之间的壁垒，实现产品从订单到交付、从研发到服务的全流程信息集成。基于智能生产车间的虚拟仿真技术，航天电器电子元器件生产线实现了生产线物流与智能装备虚实结合、数据实时同步，支持高通量技术产品自动流转、混线生产，满足多品种、小批量、定制化的柔性化生产需求。高端轨道交通装备领域，精益化智能制造已经成为企业提高生产效率的重要方式之一。依托中车长客长春高速制造中心和转向架制造中心，聚焦关键制造环节等核心环节的智能化，以网络互联为支撑，中车长春轨道客车股份有限公司成功打造了高端轨道交通装备智能制造核心模式，实现制造全生命周期的优化控制、智能调度和质量管控。基于实际，中车长春轨道客车股份有限公司实现了可快速推广的智能制造管理模式，通过强化大数据体系化分析，实现全业务链条数据贯通，助力全球制造精益一体化管理，为企业实现标准化全球制造业务提供基础。智能物流机器人领域，作为我国首款为人居场景深度定制的智能配送物流机器人，hachi delight瞄准社区智能化这一方向，针对最后500米末端物流配送提供了一站式解决方案，特别是在新冠肺炎疫情期间，hachi delight提供了安全快捷的快递、外卖、社区周边超市商品等配送到户的服务。与此同时，通过智能视觉技术、大数据链条等技术创新，

063

hachi delight 将用户数据、业主家庭成员信息、快递信息进行无缝对接，做到高效快捷的配送入户、一次多单、刷脸取件、扫码取件，提升了社区内物流配送的安全指数。依靠单线雷达和多源融合定位技术，hachi delight 智能机器人具备了一定的环境道路适应能力，不仅能降低成本，还能更好地适应环境。

2. 政策发布情况

2020 年，智能制造在国家层面被提高到更加显著的位置，是未来我国制造业发展的重要方向之一。2020 年 2 月，工业和信息化部联合国家发展改革委、国家能源局、应急管理部、国家煤矿安监局等部门共同印发《关于加快煤矿智能化发展的指导意见》，特别提出通过采取综合性政策措施，提升煤矿智能化水平，推动煤炭行业高质量发展，促进煤炭产业转型升级。2020 年 9 月，工业和信息化部印发《建材工业智能制造数字转型行动计划（2021—2023 年）》，该行动计划在目标中明确提出，到 2023 年建材工业信息化基础支撑能力显著增强，智能制造关键共性技术取得明显突破，全行业数字化、网络化、智能化水平大幅提升，经营成本、生产效率、服务水平持续改进，推动建材工业全产业链高级化、现代化、安全化，加快迈入先进制造业。2020 年 10 月，《智能制造能力成熟度模型》和《智能制造能力成熟度评估方法》两项国家标准发布。在工业和信息化部的指导下，中国电子技术标准化研究院等单位开展了标准宣贯和能力成熟度评估推进工作，组织了 31 个制造业大类的 12000 多家企业进行自评估，取得了良好的成效。2020 年 12 月，2021 年全国工业和信息化工作会议在北京召开，会议明确指出，要加快制造业数字化转型，坚持智能制造主攻方向，夯实制造业数字化基础，增强产业链供应链的韧性，这标志着开展制造业数字化转型行动、加快工业互联网创新发展、发展智能制造和服务型制造、提升软件支撑能力已成为未来装备行业发展的核心任务之一。

地方层面，江苏、安徽等地结合本地产业基础和特色相继发布了有关促进智能制造发展的政策文件，对于加快传统产业转型升级，不断提升制造业发展质量和效益起到了有力的推动作用。2020 年 4 月，苏州按照"思想再解放、开放再出发、目标再攀高"的工作要求，聚焦高端装备、电子信息、高端纺织、生物医药四个产业，印发《苏州市智能制

造三年行动计划（2020—2022 年）》，明确到 2022 年末，苏州智能制造发展关键技术装备进一步突破，信息化和工业化的高层次的深度结合水平进一步提高，智能制造生态体系取得明显成效，形成独具特色和具有竞争优势的"智能制造苏州方案"。2020 年 7 月，马鞍山印发《关于马鞍山市深入推进智能制造的实施意见（2020—2022 年）》，明确提出大力发展智能装备行业、打造"工业大脑"提升智能制造水平、持续推进"机器换人"、实施生产线智能化改造、加快建设智能工厂以及创建智能制造示范区六大任务，着力构建一流的智能制造生态体系，大力发展智能装备、工业互联网、工业软件、系统解决方案供应商等智能制造产业。

（二）新能源汽车

随着市场对新能源汽车的认可，以及国家层面对于绿色环保出行方式的倡导，2020 年成为我国汽车产业转型升级、迈向高质量发展的关键一年。工业和信息化部发布的数据显示，2020 年，我国汽车销量达到 2531.1 万辆，连续 12 年蝉联全球第一，其中新能源汽车销量达到 136.7 万辆，达到历史新高。随着新能源汽车市场的高速发展，该行业对技术创新的要求不断提高，其中充换电基础设施、车规级芯片、高性能动力电池已经成为我国新能源汽车专项计划重点研究任务，致力于为产业高质量发展提供有力支撑。

1. 技术创新情况

经过多年发展，我国新能源汽车市场已经实现从市场培育向高质量自主发展的蜕变，技术创新驱动型发展模式成为未来企业抢占竞争制高点的根本途径。虽然我国新能源汽车自主创新能力不断提升，电池、电机、电控等核心技术取得了一系列突破，但面对特斯拉、大众、丰田等国际巨头的竞争，关键核心技术受制于人、技术创新供给不足的情况还十分严峻。2020 年 9 月，2020 世界新能源汽车大会成功举办，会上发布了"全球新能源汽车前沿及创新技术"评选结果，共有 7 项创新技术和 7 项前沿技术入选。值得关注的是，本年度新能源汽车前沿及创新技术聚焦整车集成与控制、动力电池、燃料电池、驱动系统、智能化、轻量化及新材料、能源供给等方向，特别强调可解决新能源汽车关键技术难点、技术瓶颈的重要应用性技术，以及具有前瞻性、先导性和探索性

的重大技术，有望为新能源汽车未来产品技术更新换代和推动产业发展奠定基础。

高性能动力电池领域，弗迪电池有限公司首创的高集成刀片动力电池技术在集成效率、安全防护等方面目前已经处于世界领先水平，产品通过打破传统电池系统的模组概念突破传统拉深/挤出工艺瓶颈，实现超长尺寸电芯的紧密排列，获得超过 60%的体积集成效率。

自动驾驶领域，腾讯计算机系统有限公司开发的面向海量场景的自动驾驶云仿真平台技术利用云仿真技术实现自动驾驶场景加速测评，并且从安全性、舒适性、合规性等指标出发实现对车辆的实时监控，极大提升研发和测试效率。

核心零部件领域，我国扇形模组轴向磁场轮毂电机关键技术取得重大突破，该技术通过电机的转子和汽车的制动盘的一体化设计，将采用碳陶瓷材料的制动盘作为转子磁材料的固定装置，有效降低电机的质量，满足新能源汽车驱/制动效率高、质量轻、功率密度大的电机需求。

2020 年，以比亚迪为代表的车企在新能源领域加紧布局，努力实现技术突破抢占市场。作为全球插电混动技术的开创者和领导者，比亚迪坚持纯电动技术和插电混动技术"双轮驱动"战略，开发出 DM 插电混动车型获得了市场好评。2020 年 6 月，比亚迪推出 DM-p 技术，该技术下的 BSG 电机与 2.0T 汽油发动机融为一体，能够显著提升热效率。目前，采用 DM-p 技术的比亚迪汉 DM、2021 款唐 DM 车型的动力性能已经实现对大排量燃油车的全面超越，其至拥有零百公里加速 4 秒级的绝对性能，指标位于同级别车型前列。2020 年 8 月，比亚迪 DiLink 3.0智能网联系统正式发布，该系统以场景优化为立足点，对新能源汽车全功能点进行升级迭代，构建起连接人—车—生活—社会的生态体系。值得关注的是，DiLink 3.0 智能网联系统从用户体验场景出发，实现手机端和车机端的连接，并提供手机 NFC 车钥匙、智能语音交互、千里眼模式、云服务智能管家等多种应用与服务。

2．政策发布情况

2020 年 11 月，国务院办公厅印发《新能源汽车产业发展规划（2021—2035 年）》，明确提出要瞄准"电动化、网联化、智能化"方向，加强政策标准法规协同，加快完善安全监管体系，扎实推动汽车强国建

设。该规划特别强调深化"三纵三横"研发布局[①]，提高新能源企业技术创新能力，同时在加快建设共性技术创新平台、提升行业公共服务能力、促进关键系统创新应用等方面对产业发展提供有力支撑。2020 年 4 月，工业和信息化部公布《2020 年新能源汽车标准化工作要点》，提出将持续优化标准体系，加快重点标准研制，发挥标准对技术创新和产业升级的引领作用。根据该工作要点，工业和信息化部将聚焦电动汽车安全、电动汽车能耗、燃料电池汽车、充电设施及加氢系统、动力电池回收利用等领域，以产业规模化发展需求和新技术创新发展为导向，加强重要标准的前期调研和效果评价，为新能源汽车产业融合可持续发展提供支撑。

地方层面，诸多省、市根据国家印发的《新能源汽车产业发展规划（2021—2035 年）》，陆续出台了符合自身发展的专项规划文件，或在"十四五"规划中进行重点部署。例如，安徽省经济和信息化厅明确将围绕"做大、做强、做优"汽车产业的发展目标，坚持"电动化、网联化、智能化"发展方向，组织编制《安徽省"十四五"汽车产业发展规划》《安徽省新能源汽车产业发展行动计划（2021—2023 年）》等文件，加快实施创新引领、制造支持、生态优化、开放合作等重大工程项目，通过"龙头+配套"和"基地+基金"方式，增强本省产业链、供应链稳定性，促进产业链上下游、大中小企业协同发展。2020 年 7 月，福建省工业和信息化厅、发展改革委等 11 部门联合印发《关于进一步加快新能源汽车推广应用和产业高质量发展推动"电动福建"建设三年行动计划（2020—2022 年）》。该行动计划明确把新能源汽车、储能电池、新能源装备产业集群作为福建重点产业发展方向，提出支持宁德时代能源器件创新实验室、厦门钨业高端储能材料国家地方联合工程研究中心、省汽车集团汽车研究院等研发平台建设，以壮大和延伸产业链。

[①] "三纵三横"研发布局是指以纯电动汽车、插电式混合动力（含增程式）汽车、燃料电池汽车为"三纵"，布局整车技术创新链；以动力电池与管理系统、驱动电机与电力电子、网联化与智能化技术为"三横"，构建关键零部件技术供给体系。

（三）海洋工程装备

目前，我国海洋工程装备行业已经基本完成了全产业链的布局，相关企业涉足产品开发设计、配套产品制造以及总包制造等产业链各个环节，整体创新水平较之前有了很大提高，但是在核心配套装备设计、关键零部件等方面技术能力还有待提高。根据中国产业研究院数据，欧洲、美国、日本等国家和地区的跨国巨头几乎垄断了全球海洋工程装备设计领域，我国 70%以上的海洋工程装备配套设备需要进口，95%以上的设备关键组件受制于人，未来海洋工程装备实现由大变强还任重道远。以海洋调查仪器设备为例，该类设备国内市场广阔，但本土企业并未掌握核心技术，导致在国际产业竞争激烈的大背景下，我国企业难以从跨国企业对我国的核心技术封锁中突围，国产化替代步履维艰。海洋调查仪器设备技术含量高、研发周期长、投入高、风险大，而国内相关企业大都是中小型民营企业，难以获得国家政策和资金支持，最终成为国外公司的代理商。

1. 技术创新情况

2020 年初，我国海洋工程装备领域技术创新捷报频传。1 月 14 日，由我国自主研发建造的全球首座十万吨级深水半潜式生产储油平台——"深海一号"能源站在山东烟台交付启航，这是我国在深水油气田开发、深水海洋工程装备建造领域的重大突破。基于"30 年不回坞检修"的高质量设计标准，"深海一号"能源站由上部组块和船体两部分组成，设计疲劳寿命达 150 年。该能源站在全球首创了半潜平台立柱储油，最大储油量近 2 万立方米，实现了凝析油生产、存储和外输一体化功能，不仅大大提高了储油效率，而且降低了运作成本，技术水平在全球处于领先地位。3 月 26 日，中集超深水半潜式钻井平台"蓝鲸 2 号"成功运作，帮助我国实现可燃冰第二轮试采。"蓝鲸 2 号"作为全球最先进的超深水双钻塔半潜式钻井平台，配置了高效的液压双钻塔和 DP3 闭环动力管理系统，大大提升了作业效率且节省了 10%的燃料消耗。3 月 30 日，中集来福士海洋工程有限公司为瑞典航运巨头 Wallenius SOL 公司建造的世界最大 5800 米车道双燃料滚装船正式开工，标志着我国在高端滚装船、客滚船等领域已取得阶段性技术突破。

2020 年，我国深海装备研发取得重大技术突破，以"奋斗者"号全海深载人潜水器为代表的一批技术装备试验成功，为我国高端装备制造科技创新树立了典范。"奋斗者"号全海深载人潜水器是"十三五"国家重点研发计划"深海关键技术与装备"重点专项的核心研制任务，2020 年 7 月起，"奋斗者"号先后赴南海、西太平洋马里亚纳海沟海域分阶段进行了海试验证，累计完成 30 次下潜，其中 8 次突破万米。2020 年 11 月，"奋斗者"号全海深载人潜水器成功完成万米海试，并于 28 日胜利返航，创造了 10909 米的我国载人深潜新纪录，标志着我国具备了全海深进入、探测和作业能力，在大深度载人深潜领域达到了世界领先水平。

2. 政策发布情况

2020 年，工业和信息化部、交通运输部等国家部委印发了一系列有关支持海洋工程装备行业发展的政策文件，在技术创新、标准建设、知识产权保护等方面对产业高质量发展提供指导。2020 年 8 月，工业和信息化部印发《船舶总装建造智能化标准体系建设指南（2020 版）》，明确提出到 2021 年初步建立船舶总装建造智能化标准体系，并且通过制定 30 项以上的船舶智能制造急需标准，基本实现对基础共性、关键技术和船厂应用等领域的全覆盖；预计到 2025 年，基本达到国际先进造船国家同等水平。2020 年 9 月，交通运输部印发《关于深化改革推进船舶检验高质量发展的指导意见》，从技术法规支撑和信息化支撑两个方面明确了船舶检验的预期目标、主要任务和保障措施。该指导意见特别强调，基于船舶检验技术密集和技术先导特性，必须加强技术法规的产学研用，要充分利用大中专院校、科研院所、国内外船舶检验机构和修造企业的技术资源，建立开放性的法规研发体系，为法规制定、履约研究等提供支持保障。

（四）机械制造

2020 年，我国机械制造行业呈现出集群化发展的良好态势，与新材料、新一代信息技术等的跨领域、跨行业融合程度不断加深，为我国制造业整体发展赋能效应显著。根据工业和信息化部发布的数据，2020 年，我国机械工业增加值同比增长 6%，超过上年同期水平（5.1%）；累计实现营业收入 23.01 万亿元，同比增长 4.2%；利润总额达 1.45 万亿

元，同比增长 8.6%。2020 年 12 月初，工业和信息化部公布 2020 年国家技术创新示范企业名单，在涉及的 63 家企业中机械工业企业有 18 家，比重达到 28.6%，其中以电气机械和器材制造业企业为多，占比达到 44.4%。特别是新冠肺炎疫情危机后，投资不断加速，为机械行业释放出广阔的市场，为机械工业技术创新带来了新的机遇，行业整体发展前景广阔。

1. 技术创新情况

2020 年，我国机械制造领域的一批具有较高技术含量的重大技术装备实现突破发展。2020 年 1 月，我国自主设计建造的三代核电"华龙一号"福清核电 5 号机组成功并网发电，且核心零部件全部实现国产化，标志着我国成为具有独立自主的三代核电技术的国家，跻身全球先进核电国家行列。2020 年 9 月，白鹤滩水电站建设进入关键时期，预计建成后将成为世界上规模及单机容量最大的水电站。该装机总容量达 1600 万千瓦的水电站设备全部实现国产化制造，并首次采用 100 万千瓦的水轮发电机组，技术水平已经和欧美等先进国家的同类产品相近。

2020 年 9 月，经中国机械工业科学技术奖管理委员会终审确定，工程机械行业获 2020 年度中国机械工业科学技术奖的 22 项科技成果揭晓，其中包括特等奖项目 2 个、一等奖项目 1 个、二等奖项目 7 个，以及三等奖项目 12 个。其中，詹阳重工"应急救援高速挖掘机研发与应用"项目获得科技进步类二等奖，该项目运用信息通信、电子工程、大数据等多项技术，大大提高了应急救援高速挖掘机的救援能力和工作效率。同时，国机集团天津工程机械研究院有限公司牵头申报的"基于载荷谱的工程机械动力系统及元件基础试验平台技术研究与应用"获得科技进步类二等奖，该项目攻克了行业关键共性技术难题，取得 13 项专利以及 9 项标准的丰硕成果，有效提升了工程机械行业节能和可靠性技术与装备水平，对我国整体机械制造行业创新发展起到了重要的推动作用。

2. 制造业创新中心建设情况

2020 年，国家农机装备创新中心从国家需求、行业难点、企业痛点出发，围绕超级拖拉机、智慧农业设备及平台、农机大数据平台等研发方向进行部署，均取得了阶段性成果，布局了多项关键共性技术。新能源拖拉机领域，创新中心针对中马力电动拖拉机，在整车控制系统开发、电驱动底盘设计技术、传统农机向电动农机扩展的线控执行机构的改造技术、农机遥控驾驶技术及基于云平台的作业载荷采集技术等方面取得重大突破，开发了无人驾驶拖拉机（ET504H）、超级拖拉机Ⅱ号（ET4804）等多款新型技术产品。农业机器人领域，创新中心围绕果园种植"耕种管收"的全程无人化、智能化，聚焦微耕机器人、巡检机器人、弥雾机器人等产品，在手持装备增材制造技术、多转向模式技术、多感知系统融合技术、多自由度喷药指向技术等方面取得阶段性进展。自动驾驶系统领域，针对农机自动驾驶系统开发，创新中心在无人化农机与农艺相结合的技术、农机自主作业与运维智能管理技术系统、基于北斗的农机自主作业复杂工况定位与导航技术、厘米级导航与光机电液多源融合调控的精准农机技术方面取得突破，为农机智能化发展提供了有力的支撑。

二、重要数据

（一）研发投入情况（见表 4-1）

表 4-1　2019 年装备制造业分行业规模以上工业企业 R&D 人员、
经费支出及企业办研发机构情况

行　业	企业 R&D 人员数（人）	经费支出（万元）		企业办研发机构（个）
		内部支出	外部支出	
通用设备制造业	333266	8228766	272703	8480
专用设备制造业	295002	7767235	214280	7300
汽车制造业	354306	12896141	1492861	4565
铁路、船舶、航空航天和其他运输设备制造业	130412	4290876	867779	1472
电气机械和器材制造业	453178	14061749	359068	10773
仪器仪表制造业	102644	2290754	125648	2376

数据来源：《中国科技统计年鉴 2020》，2020.12。

（二）新产品情况（见表 4-2）

表 4-2　2019 年装备制造业分行业规模以上工业企业新产品开发及销售情况

行　　业	新产品开发项目数（项）	新产品销售收入（万元）	新产品出口收入（万元）
通用设备制造业	64452	117112624	16952769
专用设备制造业	57743	89600083	11862951
汽车制造业	45188	278720533	12760143
铁路、船舶、航空航天和其他运输设备制造业	15744	65595103	13550414
电气机械和器材制造业	78462	243040112	51763381
仪器仪表制造业	21452	23993364	3696200

数据来源：《中国科技统计年鉴 2020》，2020.12。

（三）专利情况（见表 4-3）

表 4-3　2019 年装备制造业分行业规模以上工业企业专利情况

单位：件

行　　业	专利申请数	发明专利申请数	有效发明专利数
通用设备制造业	95039	28030	91608
专用设备制造业	94361	31043	107509
汽车制造业	70247	19955	62403
铁路、船舶、航空航天和其他运输设备制造业	28547	12718	38628
电气机械和器材制造业	157224	51867	143142
仪器仪表制造业	30626	11051	31435

数据来源：《中国科技统计年鉴 2020》，2020.12。

第二节　主要问题

一、关键核心技术缺失

近年来，虽然我国装备行业取得了一系列技术突破，但从总体上来看，高端产品和关键零部件受制于人的局面尚未得到根本改变。一是装备行业发展急需的专用生产设备、智能化生产线及专用检测仪器系统等存在明显瓶颈，涉及集成电路、生物制药、新材料等产业的工业母机严重依赖国外进口，短时间内难有本土替代方案。二是部分核心零部件制造技术水平低，质量标准体系建设落后，性能稳定性、质量可靠性、外表美观性、环境适应性及使用寿命等与国外同类产品差距较大，无法满足整机制造需求。同时，我国装备行业品牌效应尚未建立，缺乏能与国外知名品牌相抗衡的国产自主品牌，全球市场占有率低，制约了产业向价值链高端的进一步攀升。

二、协同创新能力欠缺

随着装备行业与新一代信息技术、新材料等领域的跨界融合程度不断加深，产业链协同创新已经成为未来发展的重要趋势。但我国在装备行业创新载体布局上还存在一定程度的重复建设和资源投入分散等问题，现有创新载体在职能定位、发展方向等方面存在一定的交叉重叠，不利于形成合力开展技术攻关。与此同时，我国本土企业针对特定领域单枪匹马式的技术创新还比较普遍，集成式、协同式的创新环境还不完善，包括制造业创新中心在内的现有创新载体建设缺乏载体间的合作机制，无法充分发挥创新载体整合资源、协同创新的枢纽作用，以至于各自形成创新的"闭路循环"。

三、高端人才供给不足

目前，我国装备行业发展过程中的高端人才供给不足问题日益突出，特别是结合数字化、网络化、智能化需求，与高端装备制造相关的科研队伍以及工程技术人才梯队尚未形成。我国装备行业缺少对海外高水平人才的引进，在落户、就医、就学、社会保障等方面还存在诸多亟待优化的环节。同时，我国装备行业的产教融合、校企合作仍有待深化，相关高校及科研院校的毕业生参与企业生产实践的机会较少，理论与实践不能紧密结合，实训基地、工程化实验室等平台载体也较缺乏，难以支撑我国装备行业高质量发展。

第三节　对策建议

一、加强重大装备关键核心技术攻关

坚持聚焦重点、远近结合原则，围绕航空航天发动机、工业机器人、高档数控机床等重点领域，制定发布年度重大短板装备重点推进目录，实施"挂图作战""揭榜挂帅"等制度，加快突破一批关键共性技术和关键核心技术。拓展优化首台（套）应用支持政策和保险补偿机制，加快重点领域创新产品的推广应用。着力打造一批关键共性技术研发平台，鼓励组建重大技术装备研发创新联盟，结合行业发展情况制定攻关任务的时间表、路线图，建立产学研用结合、上下游衔接、大中小企业协同的创新机制。

二、构建装备制造产业创新生态体系

鼓励支持行业龙头企业联合高等院校、科研院所以及第三方中介机构，协调多方资源深化产学研协同创新合作，加强落实具有示范引领性的创新成果示范工程，促进跨地区、跨行业、跨领域技术在装备行业的试点示范和推广应用。通过组织实施新一轮重大技术改造升级工程，发挥中央企业带动作用，联合上下游中小企业，以专项计划的形式集中国家的优势资源力量，在若干领域内实现重点突破发展。加强产教融合、校企合作，鼓励企业和高校共建产业技术实验室、中试和工程化基地。利用产业投资基金支持高校创新成果和核心技术产业化。

三、强化装备行业人才队伍建设

聚焦航空航天、智能制造、工业机器人等重点领域，调整优化高等

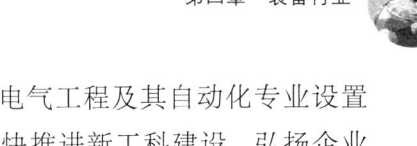

院校、科研院所以及职业院校机械制造、电气工程及其自动化专业设置及招生结构，促进学科专业交叉融合，加快推进新工科建设。弘扬企业家精神，提升企业家产业前瞻意识和能力，培养一批懂技术、懂管理的复合型优秀企业经营管理人才。建立健全海外高层次人才培养、使用和激励机制，健全和完善产业科技创新激励机制，引进海外优秀技术和管理人才回国就业、创业，打造一支整体素质高、创新能力强且具有国际视野的装备行业人才队伍。

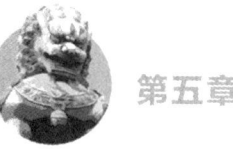

第五章

原材料行业

　　原材料行业是国民经济的基础性产业，在一定程度上决定了国家经济、科技、产业的发展水平，是推动我国经济高质量发展和支撑我国由制造业大国向制造业强国迈进的关键行业。加强建设新材料产业，对于发展高新技术产业，攻克关键核心技术，解决我国在集成电路、关键软件、重大装备等多个关键领域缺乏核心技术的问题，提升我国自主创新能力、实现科技自立自强具有重要意义。经过多年的发展，我国原材料行业产量规模连续多年位于世界前列，并已经从数量扩张向质量提升转变，在石墨烯、碳纤维等领域取得多项突破性的成果，多个细分领域的技术达到世界领先水平。然而，目前我国原材料行业还面临关键核心技术受制于人、低端产品产量过剩、高端产品供应不足、碳排放量高污染严重等问题。未来，我国亟须从提升产业技术创新能力、优化产业结构和布局、加快推动产业绿色化转型三个方面发力，促进原材料行业的高质量发展。在此基础上，建议提升原材料行业技术创新能力、推动产业结构和布局进一步优化。

第一节　总体情况

一、重点领域技术发展、创新及产业化情况

（一）钢铁行业

2020 年，钢铁行业逐渐摆脱疫情影响，整体运行平稳。其中，粗

钢产量持续增长，全国粗钢产量为 105300 万吨，同比增长 5.2%；钢材产量为 132489 万吨，同比增长 7.7%。钢材出口 5367 万吨，同比下降 16.5%；进口 2023 万吨，同比增长 64.4%。铁矿砂进口 117010 万吨，同比增长 9.5%[1]。中国钢材综合价格指数平均为 105.6 点，同比下降 2.2%[2]。行业效益有待回升，全年利润总额为 2464.6 亿元，同比下降 7.5%。

1. 技术创新情况

2020 年，钢铁行业多项成果入围国家科学技术奖初评，具体包含以下几个项目。

"宽幅超薄不锈精密带钢关键工艺技术及系列产品开发"项目，被初评为 2020 年度国家科学技术进步奖通用项目一等奖。该项目由太原钢铁（集团）有限公司联合太原理工大学、山西太钢不锈钢精密带钢有限公司、北京科技大学等 6 家企业和科研院所共同申报。通过产学研合作的形式，该项目攻克了多个世界难题，太钢集团也成为全球唯一可批量生产"手撕钢"[3]的企业。

由中钢集团洛阳耐火材料研究院有限公司牵头，联合中钢洛耐新材料科技有限公司、宝山钢铁股份有限公司、山西太钢不锈钢股份有限公司和郑州大学共同申报的"耐火材料结构功能化和长寿化设计与制备及在钢铁绿色制造中的应用"项目，被初评为 2020 年度国家科学技术进步奖二等奖。该项目对推动耐火材料实现"清洁化、功能化、长寿化"，从而实现钢铁产业向绿色化转型有重要的作用。

由宝山钢铁股份有限公司牵头，联合东北大学、全球能源互联网研究院有限公司、保定天威保变电气股份有限公司共同申报的"特高压高能效输变电装备用超低损耗取向硅钢开发与应用"项目，被初评为 2020 年度国家科学技术进步奖通用项目二等奖。该项目自实施以来，其产品

---

① 国家发展改革委经济运行调节局：《2020 年钢铁行业运行情况》，2021 年 2 月 26 日。

② 工业和信息化部原材料工业司：《2020 年 1—12 月钢铁行业运行情况》，2021 年 2 月 5 日。

③ 宽幅超薄精密不锈带钢又称"手撕钢"。

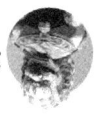

成功应用于三峡、两渡等国家重点特高压电网工程及重大水电工程，打破了我国超低损耗取向硅钢技术长期受制于人的局面。

由东北大学和攀钢集团有限公司牵头，联合唐山钢铁集团有限责任公司、中冶京诚工程技术有限公司、宝武集团广东韶关钢铁有限公司共同申报的"连铸凝固末端重压下技术开发与应用"项目，被初评为2020年度国家科学技术进步奖通用项目二等奖。该项目大幅提升了大断面连铸坯的致密度与均质度，从根本上解决了我国高端特厚板、大规格型棒材无法大批量稳定高效生产的共性技术难题。

由东北大学和鞍钢股份有限公司牵头，联合河钢集团有限公司、山西太钢不锈钢股份有限公司、马鞍山钢铁股份有限公司等5家公司共同申报的"钢材热轧过程氧化行为控制技术开发及应用"项目，被初评为2020年度国家科学技术进步奖通用项目二等奖。该项目利用机器学习对模型参数进行优化，实现了高精度的热轧过程氧化行为动态软测量，破解了热轧过程钢材氧化动态跟踪与控制的难题，已经在多家大型钢铁企业的生产中予以推广。

由中国科学院过程工程研究所和河钢集团有限公司牵头，联合中冶焦耐（大连）工程技术有限公司、中钢集团天澄环保科技股份有限公司共同申报的"钢铁行业多工序多污染物超低排放控制技术与应用"项目，被初评为2020年度国家科学技术进步奖通用项目二等奖。该项目为钢铁行业全流程、全过程、全污染物的全面减排提供了系统性解决方案和应用范例，促进了我国高炉炼铁工艺改革，对推动我国钢铁工业的绿色冶炼和清洁生产有重要的作用。

2. 政策发布情况（见表5-1）

2020年1月28日，国家发展改革委办公厅、工业和信息化部办公厅发布《关于完善钢铁产能置换和项目备案工作的通知》（发改电〔2020〕19号）。为了进一步深化钢铁行业供给侧结构性改革，促进我国钢铁产业高质量发展，该通知重点提出四项重要工作：暂停钢铁产能置换和项目备案、开展现有钢铁产能置换项目自查、制定出台相关政策文件，以及加强贯彻落实和督促检查。

2020年3月4日，吉林省钢铁行业化解过剩产能实现脱困发展领导小组办公室发布《2020年吉林省钢铁化解过剩产能工作方案》（吉发改产业〔2020〕126号）。该方案部署了七大工作任务：防范"地条钢"死灰复燃和已化解过剩产能复产、严禁新增产能、暂停钢铁产能置换和项目备案、完善举报响应机制、探索主动发现违法违规行为的有效机制、严肃查处各类违法违规行为，以及落实相关部门工作责任。

山东省发展改革委及山东省生态环境厅和河南省生态环境厅及河南省发展改革委分别于2020年4月10日和2020年7月1日发布《关于钢铁企业试行超低排放差别化电价政策的通知》（鲁发改价格〔2020〕551号）和《关于对钢铁、水泥企业试行超低排放差别化电价、水价政策推进环境空气质量持续改善的通知》（豫环文〔2020〕80号）。文件均制定了对超低排放差别化电价、水价等方面的具体政策，并明确了执行程序，旨在鼓励钢铁、水泥行业向绿色化转型。

2020年12月30日，生态环境部、国家发展改革委、海关总署等发布《关于规范再生钢铁原料进口管理有关事项的公告》（生态环境部 国家发展和改革委员会 海关总署 商务部 工业和信息化部公告 2020年第78号）进一步规范再生钢铁原料的进口管理规则，对再生钢铁原材料的进口做了详细的规定。

表 5-1　2020 年发布的钢铁行业相关政策

序号	发文机构	政策标题	发文字号	发文日期
1	国家发展改革委办公厅、工业和信息化部办公厅	《关于完善钢铁产能置换和项目备案工作的通知》	发改电〔2020〕19号	2020年1月28日
2	吉林省钢铁行业化解过剩产能实现脱困发展领导小组办公室	《2020年吉林省钢铁化解过剩产能工作方案》	吉发改产业〔2020〕126号	2020年3月4日
3	山东省发展改革委、山东省生态环境厅	《关于钢铁企业试行超低排放差别化电价政策的通知》	鲁发改价格〔2020〕551号	2020年4月10日

续表

序号	发文机构	政策标题	发文字号	发文日期
4	河南省生态环境厅、河南省发展改革委	《关于对钢铁、水泥企业试行超低排放差别化电价、水价政策推进环境空气质量持续改善的通知》	豫环文〔2020〕80号	2020年7月1日
5	生态环境部、国家发展改革委、海关总署、商务部、工业和信息化部	《关于规范再生钢铁原料进口管理有关事项的公告》	生态环境部 国家发展和改革委员会 海关总署 商务部 工业和信息化部公告 2020年第78号	2020年12月30日

数据来源：赛迪智库整理，2021.4。

（二）有色金属行业

2020年，我国有色金属行业受到新冠肺炎疫情影响，在第一季度整体出现下滑，4月之后开始回升，整体运行平稳，全年情况优于年初预期。产量整体上平稳增长。全国10种有色金属产量为6168万吨，同比增长5.5%，增速同比提高2.0个百分点[①]。价格波动中逐步回升。据中国有色金属工业协会统计，2020年，大宗有色金属第一季度价格有所下降，第二季度开始持续回暖，价格总体上呈现先降后升的态势。

1. 技术创新情况

2020年，有色金属行业多项成果入围国家科学技术奖初评，具体包括：

"新一代绿色高效提炼贵金属技术及应用"项目，被初评为国家科学技术进步奖通用项目一等奖。该项目由昆明理工大学、昆明鼎邦科技

---

① 国家发展改革委经济运行调节局：《2020年有色行业运行情况》，2021年2月26日。

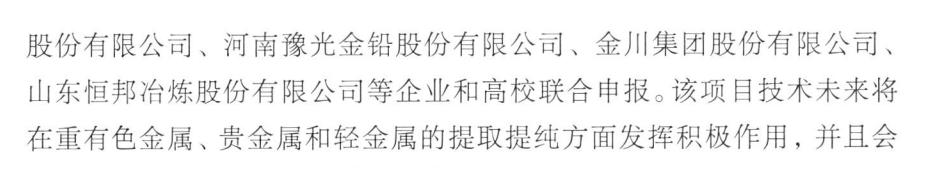

股份有限公司、河南豫光金铅股份有限公司、金川集团股份有限公司、山东恒邦冶炼股份有限公司等企业和高校联合申报。该项目技术未来将在重有色金属、贵金属和轻金属的提取提纯方面发挥积极作用，并且会在资源的绿色高效利用领域发挥作用。

"大型高质量铝合金铸件控压成型关键技术及应用"项目，被初评为国家科学技术进步奖通用项目二等奖。该项目由西北工业大学牵头，联合成都飞机工业（集团）有限责任公司、成都耶华科技有限公司、天津航天长征技术装备有限公司、陕西法士特齿轮有限责任公司共同申报。该项目技术在航空航天关键构件、重型卡车变速器、高铁等领域得到广泛应用。

此外，"云南省马关县都龙矿区外围锌锡铜多金属矿整装勘查区矿产调查与找矿预测"等83个项目获得2020年度中国有色金属工业科学技术一等奖，"构造复杂区油气资源非震勘探关键技术及应用"等92个项目获得2020年度中国有色金属工业科学技术二等奖，"大直径刚性嵌岩桩复合地基理论及应用关键技术"等61个项目获得2020年度中国有色金属工业科学技术三等奖。

2. 政策发布情况（见表5-2）

在行业规范方面，2020年2月28日，工业和信息化部发布了关于《铝行业规范条件》《铅锌行业规范条件》《镁行业规范条件》三份公告。公告提出了对铝、铅锌和镁行业发展的总体要求，对质量、工艺和装备、能源消耗、资源消耗及综合利用、环境保护、安全生产与职业病防治等内容做了详细的规定，以提升资源综合利用率和节能环保水平，推动各行业的高质量发展。

在对外贸易方面，2020年10月16日，生态环境部、海关总署、商务部、工业和信息化部发布《关于规范再生黄铜原料、再生铜原料和再生铸造铝合金原料进口管理有关事项的公告》。该公告对再生黄铜原料、再生铜原料和再生铸造铝合金原料中的进口品类进行了具体的规定。

表 5-2　2020 年发布的有色金属行业相关政策

序 号	发 文 机 构	政 策 标 题	发 文 字 号	发 文 日 期
1	工业和信息化部	《铝行业规范条件》	中华人民共和国工业和信息化部公告 2020 年第 6 号	2020 年 2 月 28 日
2	工业和信息化部	《铅锌行业规范条件》	中华人民共和国工业和信息化部公告 2020 年第 7 号	2020 年 2 月 28 日
3	工业和信息化部	《镁行业规范条件》	中华人民共和国工业和信息化部公告 2020 年第 8 号	2020 年 2 月 28 日
4	生态环境部、海关总署、商务部、工业和信息化部	《关于规范再生黄铜原料、再生铜原料和再生铸造铝合金原料进口管理有关事项的公告》	生态环境部 海关总署 商务部 工业和信息化部公告 2020 年第 43 号	2020 年 10 月 16 日

数据来源：赛迪智库整理，2021.4。

（三）石化行业

2020 年，新冠肺炎疫情暴发，石化行业的产业链、供应链受到一定程度的影响，年初石化行业产销量有所下滑，但逐步恢复稳定，市场逐渐回暖，行业结构不断改善。石化行业规模以上工业企业增加值比上年增长 2.2%。主要产品产量持续增长。全年原油产量为 1.95 亿吨，同比增长 1.6%，主要化学品总产量增长 3.6%。行业效益波动下降。2020 年，我国石化行业实现营业收入 11.08 万亿元，利润总额达 5155.5 亿元。主要产品消费在增加。石化产品的市场消费自上年第二季度开始逐步回升，尿素、国产磷酸二铵、电石的消费均高于上年同期水平[①]。

---

① 国家发展改革委经济运行调节局：《2020 年化工行业运行情况》，2021 年 2 月 26 日。

1. 技术创新情况

2020年，石化行业多项成果入围国家科学技术奖初评，具体包含以下11个项目。

（1）"400万吨/年煤间接液化成套技术创新开发及产业化"项目，被初评为国家科学技术奖通用项目特等奖。该项目由国家能源集团宁夏煤业有限责任公司牵头，联合中国科学院陕西煤炭化学研究所、中科合成油技术有限公司、中国寰球工程有限公司等21家企业和高校共同申报。该项目从科技成果研发一直到实现产业化，所用到的技术整体上处于全球领先水平，对增强我国能源自主保障能力具有重大支撑作用。

（2）复杂原料百万吨级乙烯成套技术研发及工业应用项目，被初评为国家科学技术奖通用项目一等奖。该项目由中国石化工程建设有限公司牵头，联合中国石油化工股份有限公司北京化工研究院、天华化工机械及自动化研究设计院有限公司、中韩（武汉）石油化工有限公司等8家企业共同申报。该项目的技术解决了复杂原料裂解高选择性与长运行周期不能兼顾的难题，生产能力整体处于世界领先水平，对石化工业、装备制造业和相关产业的发展有重要的推动作用。

（3）"深地复杂油气藏钻完井关键技术创新与工业化"项目，被初评为国家科学技术奖通用项目一等奖。该项目由中国石油天然气股份有限公司塔里木油田分公司牵头，联合中国石油集团工程技术研究院有限公司、中国石油大学（北京）、宝山钢铁股份有限公司等9家企业和高校共同申报。该项目通过产学研合作，突破多项前沿深层、超深层复杂结构井钻完井领域的关键核心技术，大力提升了钻进技术，为油气持续稳产提供了有利的支撑。

（4）"高纯/超高纯化学品精馏关键技术与工业应用"项目，被初评为国家科学技术奖通用项目二等奖。该项目由北京化工大学、新疆天业（集团）有限公司、北京先锋创新科技发展有限公司、北京世纪龙博科技有限责任公司、河北化大科技有限公司联合申报。其中，超高纯化学品是电子、航天、军工等行业急需的高端基础化工材料，该项目技术的突破打破了国外对多种超高纯化学品的长期垄断，对我国化工行业的高质量发展提供了有利的支撑。

（5）"高可靠长寿命锂离子电池关键技术及产业化应用"项目，被初评为国家科学技术奖通用项目二等奖。该项目由哈尔滨工业大学牵头，联合上海空间电源研究所、珠海冠宇电池有限公司和哈尔滨光宇电源股份有限公司共同申报，是唯一入围的锂离子电池相关项目。该项目突破了锂离子电池领域的多项技术，技术成果未来将在新能源汽车行业广泛应用。

（6）"催化裂化汽油超深度加氢脱硫–烯烃分段调控转化成套技术"项目，被初评为国家科学技术奖通用项目二等奖。该项目由中国石油天然气股份有限公司石油化工研究院牵头，联合中国石油大学（北京）、福州大学、中国石油四川石化有限责任公司等 6 家企业和高校共同申报。该项目技术能够有效解决汽油池烯烃含量超标、辛烷值不足的问题，从而促进汽油产品质量升级，满足清洁汽油产品质量标准的要求。

（7）"深部煤矿冲击地压巷道防冲吸能支护关键技术与装备"项目，被初评为国家科学技术奖通用项目二等奖。该项目由煤炭科学技术研究院有限公司牵头，联合辽宁大学、辽宁工程技术大学、沈阳天安科技股份有限公司等 5 家企业和高校共同申报。该项目技术能够有效地解决深部高应力与强扰动带来的高能量突然释放的问题，减少煤矿重大动力灾害事故的发生。

（8）"煤与油型气共生矿区安全智能开采关键技术与工程示范"项目，被初评为国家科学技术奖通用项目二等奖。该项目由陕西陕煤黄陵矿业有限公司牵头，联合天地科技股份有限公司、北京天地玛珂电液控制系统有限公司、中煤科工集团西安研究院有限公司、西安煤矿机械有限公司和西安科技大学共同申报。该项目揭示了含煤地层和采掘扰动区油型气的分布涌出规律，对"预—探—抽"一体化精准防治技术进行了创新，研发了超前预测多机联动智能控制系统，消除了油型气威胁，减少防御面积 30%，生产效率提高 20%，人员减少 70%。

（9）"复杂地质条件储层煤层气高效开发关键技术及其应用"项目，被初评为国家科学技术奖通用项目二等奖。该项目由河南理工大学牵头，联合中国石油大学（北京）、中联煤层气有限责任公司、中国石油天然气股份有限公司华北油田分公司等 6 家企业和高校共同申报。该技术打破了国外在该领域的长期技术垄断，为我国煤层气高效开发提供了有力支撑。

（10）"大型复杂碳酸盐岩油藏高效开发关键技术及应用"项目，被初评为国家科学技术奖通用项目二等奖。该项目由中国石油化工股份有限公司石油勘探开发研究院牵头，联合中国石化集团国际石油勘探开发有限公司、中国石油化工股份有限公司西北油田分公司共同申报。该项目主要包括缝洞型储集体三维表征技术、缝洞型油藏开发实验技术、缝洞型油藏数值模拟技术、缝洞型油藏剩余油评价技术、注水开发优化技术、单井注气吞吐评价技术。相关理论和系列技术被用于塔河油田开发，减缓综合递减率 6.4 个百分点，提高采收率 2.0 个百分点。

（11）"高含水油田提高采收率关键工程技术与工业化应用"项目，被初评为国家科学技术奖通用项目二等奖。该项目由中国石油化工股份有限公司胜利油田分公司和中国石油大学（华东）联合申报。项目成果有效地提高了高含水油田的采收率，为保障国家能源安全做出了贡献。

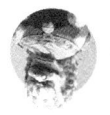

2．政策发布情况（见表 5-3）

2020 年 3 月 20 日，财政部、海关总署、国家税务总局发布《关于取消海洋石油（天然气）开采项目免税进口额度管理的通知》（财关税〔2020〕5 号），对财政部、海关总署、国家税务总局《关于"十三五"期间在我国海洋开采石油（天然气）进口物资免征进口税收的通知》（财关税〔2016〕69 号）中的一些规定进行了修订。

2020 年 7 月 2 日，上海市人民政府发布《上海市液化石油气管理办法》（上海市人民政府令第 34 号）。该管理办法鼓励液化气经营企业、高等院校、科研机构等单位开展相关科学研究和技术开发，推广液化气新技术、新材料、新工艺、新设备，提高液化气安全供应和服务水平。

2020 年 8 月 27 日，海关总署发布《关于发布〈进出口石油及液体石油产品取样法（自动取样法）〉等 58 项行业标准的公告》（海关总署公告 2020 年第 98 号）。其中，《进出口石油及液体石油产品取样法（自动取样）》（SN/T 0975—2000）等 9 项标准在新标准实施后被替代。

2020 年 9 月 27 日，市场监管总局办公厅、住房和城乡建设部办公厅、公安部办公厅、交通运输部办公厅、应急管理部办公厅发布《关于开展液化石油气瓶和瓶装液化石油气安全专项整治的通知》（市监特设〔2020〕108 号）。通知中对液化石油气瓶安全专项整治、液化石油气经营单位专项整治和瓶装液化石油气专项整治的相关事项做了具体的部署。

2020 年 12 月 31 日，商务部办公厅发布《关于印发〈石油成品油流通行业管理工作指引〉的通知》（商办消费函〔2020〕439 号）。通知中明确了石油成品油流通行业管理的主要任务和工作措施，将为民营企业销售原油和成品油提供更多机会，从而提升我国原油和成品油市场化程度。

表 5-3 2020 年发布的石化行业相关政策

序号	发文机构	政策标题	发文字号	发文日期
1	财政部、海关总署、国家税务总局	《关于取消海洋石油（天然气）开采项目免税进口额度管理的通知》	财关税〔2020〕5 号	2020 年 3 月 20 日
2	上海市人民政府	《上海市液化石油气管理办法》	上海市人民政府令第 34 号	2020 年 7 月 2 日
3	海关总署	《关于发布〈进出口石油及液体石油产品取样法（自动取样法〉〉等 58 项行业标准的公告》	海关总署公告 2020 年第 98 号	2020 年 8 月 27 日
4	市场监管总局办公厅、住房和城乡建设部办公厅、公安部办公厅、交通运输部办公厅、应急管理部办公厅	《关于开展液化石油气瓶和瓶装液化石油气安全专项整治的通知》	市监特设〔2020〕108 号	2020 年 9 月 27 日
5	商务部办公厅	《关于印发〈石油成品油流通行业管理工作指引〉的通知》	商办消费函〔2020〕439 号	2020 年 12 月 31 日

数据来源：赛迪智库整理，2021.4。

（四）建材行业

2020 年，在新冠肺炎疫情冲击下，建材行业在短期内受到较大影

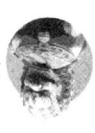

响，但后期逐步恢复，全行业整体上运行平稳，质量效益得到全面提升。行业生产规模持续增长，2020 年，建材工业增加值同比增长 2.8%，与整个工业增速持平[①]。行业效益稳步提升，2020 年，规模以上建材企业完成营业收入 5.6 万亿元，利润总额达 4871 亿元[②]。

1. 技术创新情况

2020 年，建材行业共有 1 项成果入围国家科学技术奖初评。

"深水大断面盾构隧道结构/功能材料制备与工程应用成套技术"项目，被初评为国家科学技术奖通用项目二等奖。该项目由武汉理工大学牵头，联合武汉市市政建设集团有限公司、中铁第四勘察设计院集团有限公司、武汉地铁集团有限公司等 6 家单位共同申报。该项目提出了盾构隧道建造材料结构功能一体化设计与制备创新思路，成功解决了深水大断面隧道工程面临的材料与施工技术挑战。

2. 政策发布情况（见表 5-4）

2020 年 3 月 3 日，山东省市场监督管理局、山东省住房和城乡建设厅、山东省工业和信息化厅发布《关于推进实施全省绿色建材产品认证工作的意见》（鲁市监认字〔2020〕64 号）。该意见为推进实施绿色建材产品认证制度，健全绿色建材市场体系，增加绿色建材产品供给，提升绿色建材产品质量，在建立组织机构、申请认证资质、立足部门职能等方面进行了具体的规定和部署。

2020 年 4 月 17 日，四川省经济和信息化厅办公室发布《关于进一步梳理冶金建材及新材料产业情况的通知》（成材协〔2020〕18 号），该通知旨在通过梳理骨干企业、在建项目信息，全面掌握行业情况，为优化产业布局、制定差异化支持政策、提升产业链水平、开展精准产业招商等提供依据，促进四川省冶金建材及新材料产业高质量发展。

2020 年 5 月 12 日，西藏自治区住房和城乡建设厅、西藏自治区发展和改革委员会、西藏自治区经济和信息化厅发布《关于印发〈推进我

---

① 国家发展改革委经济运行调节局：《2020 年建材行业运行情况》，2021 年 2 月 26 日。

② 国家发展改革委经济运行调节局：《2020 年建材行业经济运行情况》，2021 年 2 月 8 日。

区地产建材产品"进工地"工作方案〉的通知》（藏建科〔2020〕65号）。该工作方案设立的目的在于大力培育、提升和扩大西藏自治区地产建材产品区域竞争力和市场占有率，统筹开展地产建材产品先试先用推进工作。

2020年8月3日，市场监管总局办公厅、住房和城乡建设部办公厅、工业和信息化部办公厅发布《关于加快推进绿色建材产品认证及生产应用的通知》（市监认证〔2020〕89号）。通知中对绿色建材产品认证实施范围、绿色建材产品分级认证及业务转换要求等方面的工作做了具体的部署。

2020年9月16日，工业和信息化部办公厅发布《关于印发建材工业智能制造数字转型行动计划（2021—2023年）的通知》（工信厅原〔2020〕31号）。该行动计划旨在促进建材工业与新一代信息技术的深度融合，从而调整建材工业的调整产业结构、增强行业动力，实现建材行业的高质量发展。

2020年10月13日，财政部、住房和城乡建设部发布《关于政府采购支持绿色建材促进建筑品质提升试点工作的通知》（财库〔2020〕31号）。该通知旨在发挥政府采购政策功能，加快推广绿色建筑和绿色建材应用，促进建筑品质提升和新型建筑工业化发展。

表5-4　2020年发布的建材行业相关政策

序号	发 文 机 构	政 策 标 题	发 文 字 号	发 文 日 期
1	山东省市场监督管理局、山东省住房和城乡建设厅、山东省工业和信息化厅	《关于推进实施全省绿色建材产品认证工作的意见》	鲁市监认字〔2020〕64号	2020年3月3日
2	四川省经济和信息化厅办公室	《关于进一步梳理冶金建材及新材料产业情况的通知》	成材协〔2020〕18号	2020年4月17日

续表

序号	发 文 机 构	政策标题	发文字号	发 文 日 期
3	西藏自治区住房和城乡建设厅、西藏自治区发展和改革委员会、西藏自治区经济和信息化厅	《关于印发〈推进我区地产建材产品"进工地"工作方案〉的通知》	藏建科〔2020〕65号	2020年5月12日
4	市场监管总局办公厅、住房和城乡建设部办公厅、工业和信息化部办公厅	《关于加快推进绿色建材产品认证及生产应用的通知》	市监认证〔2020〕89号	2020年8月3日
5	工业和信息化部办公厅	《关于印发建材工业智能制造数字转型行动计划（2021—2023年）的通知》	工信厅原〔2020〕39号	2020年9月16日
6	财政部、住房和城乡建设部	《关于政府采购支持绿色建材促进建筑品质提升试点工作的通知》	财库〔2020〕31号	2020年10月13日

数据来源：赛迪智库整理，2021.4。

二、重要数据

（一）研发投入情况（见表5-5）

表5-5　2019年原材料分行业企业 R&D 人员数、经费支出、
企业办研发机构情况

行　　业	企业 R&D 人员数（人）	经费支出（万元）		企业办研发机构（个）
		内部支出	外部支出	
石油加工、炼焦及核燃料加工业	25265	1846976	48236	383
化学原料和化学制品制造业	239513	9234036	258546	6774

续表

行　业	企业 R&D 人员数（人）	经费支出（万元）		企业办研发机构（个）
		内部支出	外部支出	
黑色金属冶炼和压延加工业	124653	8863003	98333	1020
有色金属冶炼和压延加工业	105931	4798098	53519	1961

数据来源：《中国科技统计年鉴 2020》，2020.12。

（二）新产品情况（见表 5-6）

表 5-6　2019 年原材料制造业分行业工业企业新产品开发及收入情况

行　业	新产品开发项目数（项）	新产品销售收入（万元）	新产品出口收入（万元）
石油加工、炼焦和核燃料加工业	2626	31879700	2994293
化学原料和化学制品制造业	42578	118385427	11371434
黑色金属冶炼和压延加工业	11145	105635969	7810864
有色金属冶炼和压延加工业	11843	79519573	4921920

数据来源：《中国科技统计年鉴 2020》，2020.12。

（三）知识产权情况（见表 5-7）

表 5-7　2019 年原材料制造业分行业工业企业和研发机构自主知识产权情况

行　业	规模以上工业企业		研究和开发机构				
	专利申请数（件）	有效发明专利数（件）	专利申请数（件）	有效发明专利数（件）	专利所有权转让及许可数（件）	专利所有权转让及许可收入（万元）	形成国家或行业标准数（项）
石油加工、炼焦和核燃料加工业	3277	5096	13	98	0	0	0

第五章　原材料行业

续表

行　业	规模以上工业企业		研究和开发机构				
	专利申请数（件）	有效发明专利数（件）	专利申请数（件）	有效发明专利数（件）	专利所有权转让及许可数（件）	专利所有权转让及许可收入（万元）	形成国家或行业标准数（项）
化学原料和化学制品制造业	43817	65333	541	1092	26	613	6
黑色金属冶炼和压延加工业	17474	18331	1	0	0	0	0
有色金属矿采选业	15599	18271	53	142	0	0	1

数据来源：《中国科技统计年鉴2020》，2020.12。

第二节　主要问题

一、原材料行业关键核心技术尚未突破

2020年，我国原材料行业在技术创新方面取得了显著的成就，突破了一批关键核心技术，在石墨烯、纳米材料、3D打印材料等领域已经处于全球领先水平。但是，仍有一些关键核心技术尚未突破，半导体材料、光刻胶等关键材料长期受制于人的局面没有发生根本性改变。一方面，由于目前研发仍然以高校和科研院所为主，企业的研发能力和创新效率不足，未能充分发挥技术创新主体的作用；另一方面，由于企业、高校和科研院所之间的协同不足，科技成果转化的通道不畅，一些前沿、高端技术难以实现产业化。因此，我国原材料行业在基础零部件及元器件、基础软件、基础材料和基础工艺等方面仍然存在技术短板。与国际先进水平相比，我国原材料行业企业在先进装备、生产能力上水平仍然较低。在产品质量上，数量不足、品种有限、产品技术含量低的问题仍然突出。

二、原材料工业高端产品供应不足

2020 年，我国多措并举，进一步推动原材料工业淘汰落后产能、压减过剩产能，并取得了显著的成效。然而，我国原材料工业仍然面临传统化工品、钢铁、电解铝等中低端产品供给过剩，化工新材料、绿色建材、高性能钢铁材料等高端产品供应不足的结构性矛盾，难以满足下游企业的需求。一方面，在去产能工作中，部分地区和企业打政策擦边球，并未及时关停被置换产能，导致去产能工作不到位，产能过剩压力仍然存在；另一方面，我国钢铁、化工、有色金属、建材等行业存在产业集中度较低、企业较为分散的问题，导致企业之间的过度竞争，资源未能得到充分利用，产业综合竞争力不强，严重阻碍了原材料行业的整体发展，未来仍需提升产业集中度，进一步优化原材料产业布局。

三、原材料行业亟须向环保低碳绿色发展转型

2020 年 9 月 22 日，习近平总书记在第七十五届联合国大会一般性辩论上宣布，我国二氧化碳排放力争在 2030 年前达峰，努力争取 2060 年前实现碳中和。随后，12 月 12 日，习近平总书记进一步宣布了碳达峰、碳中和的具体目标。碳达峰、碳中和将成为我国"十四五"时期污染防治攻坚战的主攻目标。原材料工业是我国常规污染物和碳排放的大户，特别是钢铁行业在制造业 31 个门类中的碳排放量位列第一，在实现碳达峰、碳中和的过程中，承担了重要的责任。因此，在实现碳达峰、碳中和目标的大背景下，对原材料工业减少二氧化碳及污染物的排放提出了更高的要求，原材料行业整体上面临碳排放总量的"绝对约束"，向环保低碳绿色发展转型的压力进一步增大。

第三节　对策建议

一、提升原材料行业技术创新能力

一是加强原材料行业的基础研究和应用基础研究，提升原材料领域的原始创新能力。通过财政支出、税收等政策手段，鼓励企业、地方政

府和社会力量参与到基础研究中。推动新一代信息技术与材料技术的交叉融合，鼓励各个创新主体开展具有探索性的基础研究和原创研究，突破一批原材料行业的关键核心技术、共性基础技术和前沿技术。二是着力提升原材料企业创新能力，强化企业创新主体地位。支持行业骨干企业牵头组建创新联合体，参与以攻克产业关键核心技术为目标的重大科技项目。鼓励企业同高校、科研院所通过共同建立新型研发机构、产业联盟、联合实验室等形式加强合作，建立起以企业为主体的产学研协同创新网络。三是完善创新基础设施，提升产业基础能力。推动国家轻量化材料成型技术及装备创新中心、国家稀土功能材料创新中心、新材料测试评价平台等已有的创新设施完善，进一步加快原材料领域国家重点实验室、创新服务平台的建设，不断夯实原材料产业基础。

二、推动原材料产业结构和布局进一步优化

一是巩固提升去产能成果。重点检查各地区原材料行业去产能工作开展以及整改落实的情况，统筹碳达峰和碳中和的任务要求，进一步细化原材料行业的去产能政策，保证供给侧结构性改革的政策连续性和稳定性。二是推动产业结构优化升级。推动化工、钢铁、有色金属、建材等传统材料行业转型升级，加快推广新工艺、新流程，提升产品质量，不断优化产品结构。大力推动新材料产业的持续快速发展，提高新材料的自主创新能力，加快前沿新材料的研发，加大新材料推广应用和市场培育力度。三是推动产业合理布局。结合京津冀协同发展、长江经济带发展、粤港澳大湾区建设、长三角一体化发展、黄河流域生态保护和高质量发展等国家重大区域战略，调整原材料产业布局。合理提升原材料行业产业集中度，支持我国现有的钢铁、稀有金属材料、电子信息材料等原材料产业集群发展壮大，成为世界级的产业集群。

第六章

消费品行业

2020 年 7 月，中共中央政治局会议提出要加快形成以国内大循环为主体、国内国际双循环相互促进的新发展格局。在经济双循环的推动下，我国消费品行业处于消费升级转型的趋势中，消费者对消费品的品种、质量、品牌等多方面的要求不断提高，新型消费如信息消费、数字消费、绿色消费蓬勃发展，定制、体验、智能、时尚消费等新模式新业态成为新潮流，消费品在经济增长和转型升级中的贡献率越来越高。分行业来看，我国纺织行业数字化智能化改造进一步持续推进；家用电器行业，智能家居系统成为最新发展趋势；食品行业和医药行业，质量、安全、品牌成为重点关注对象。从消费品行业重点领域技术创新、质量品牌建设情况来看，我国消费品行业仍然存在高品质产品有效供给不足、行业发展需求与技术供给难以对接、产业支撑环境亟待进一步完善等诸多问题，这在一定程度上制约了我国建设消费品强国的步伐。在此基础上，建议加强消费品工业有效供给水平、提升消费品企业核心技术研发能力、优化消费品工业发展环境，更好地适应消费品发展新时代。

第一节　总体情况

2020 年，愈加严峻复杂的国际形势，特别是新冠肺炎疫情的严重冲击，对我国消费品行业影响较为严重。工业和信息化部数据显示，2020年，我国消费品工业生产增速明显放缓，纺织、轻工、食品、医药工业增加值累计同比增长 0.7%、-0.8%、-1.5%、5.9%。与工业平均水平相

比，纺织、轻工、食品工业增加值增速低出 1.7 个、3.2 个和 3.9 个百分点。本节重点研究消费品行业中纺织、家用电器、食品、医药四个子行业的工业技术创新情况。

一、重点领域技术发展、创新及产业化情况

（一）纺织行业

2020 年，受新冠肺炎疫情影响，纺织服装类商品内需消费在第一季度出现大幅下滑。自第二季度以来，随着国内防疫形势的逐渐好转，以及在国家各项促进消费政策的良好支持下，纺织行业内需市场销售逐季改善。国家统计局数据显示，2020 年全国限额以上单位服装鞋帽、针纺织品零售额同比减少 6.6%，降幅较前三季度收窄 5.8 个百分点，受疫情防控形势影响明显。从长远发展来看，纺织行业需要实现市场细分与个性化产品供给方面的快速转型，技术、工艺与服务理念需要不断创新，新型材料的研发与应用创新对于未来行业发展具有重要作用。

1. 信息化水平不断提升纺织行业核心竞争力

2020 年，各级政府部门不断深化落实产业政策，加快新动能引领，加大对智能制造、工业互联网项目的支持力度，纺织行业在多个领域获得了支持。国家智能工厂技术改造项目共支持纺织行业项目 23 项，其中智能化纺纱技术在纺织信息化中表现突出，已取得重大的经济效益和社会效益，对于提高棉纺织行业智能制造水平具有显著的引领作用。服装智能制造方面，目前已初步形成了包含测体、设计、试衣、加工的自动化生产流程及检验、储运、信息追溯、门店管理等在内的信息化集成管理体系，对于提高服装大规模个性化定制水平作用显著。印染智能设备和标准取得新进展，对于提高纺织品面料的质量、档次和附加值，提高我国纺织品国际竞争力起着关键作用。值得注意的是，2020 年疫情期间大量纺织企业参与到口罩、防护服的生产中，基于前期信息化、智能化的生产线改造，纺织企业得以快速转换产能，在短时间内为弥补国内防疫物资缺口做出了巨大贡献。同时，在疫情防控取得阶段性成果、复工复产全面铺开时，信息化改造以及智能制造的不断升级为应对复工复产员工不足、劳动力短缺创造了条件。目前，部分纺织装备制造企业

已经形成一定的远程运维服务能力，可以基于人工智能、5G 等技术手段开展远程故障诊断与咨询、专业维修等服务，在降低长期维护成本的同时，有效缓解了疫情反复时人员出差不便的问题。另外，企业通过建立供应链管理系统、客户关系管理系统，及时调整和重建因疫情出现问题的供应链，保证了原料供应和产品销售的正常运转。

2. 新零售提码加速，赋能纺织行业持续升级

2020 年新冠肺炎疫情中，"宅经济"逆势增长，间接改变了消费者的购买习惯。淘宝数据显示，2020 年纺织服装行业商户在直播电商中的比重达到了 32%，在所有行业中占比最大。各大直播平台、短视频平台中主播行业大放异彩，从消费端逆向推动了整个纺织服装行业的变革。直播销售形态直接带动互联网资源重新配置，继而传导致供应链多维度革新，全方位加速了纺织行业的线上进程，更为行业数字化发展开拓出更多可能。同时，直播经济助推了纺织服装行业高端设计领域发展，直播模式带来了商品预订模式，帮助设计师降低了订单积压风险、提高了商品流转效率，在拓展品牌受众群体的同时间接降低了产品价格。这一场由终端向上传导的模式变革，改变了纺织行业互联网资源配置方式，也打破了区域限制、促进了交易透明化、加速了商品流转，进而重塑了纺织产业供应链。

（二）家用电器行业

2020 年，家用电器行业网上消费保持强劲，疫情催生的新业态、新模式成为消费回暖、经济恢复的新动能。工业和信息化部数据显示，2020 年家用电器行业主营业务收入为 14811.3 亿元，利润总额为 1156.9 亿元。全国家用电器工业信息中心报告指出，家用电器线上销售占比进一步扩大，2020 年全国家电线上渠道销售规模为 3368 亿元，占比达 46.2%，较上年同期增长 7.5 个百分点。与此同时，相当一部分消费者线上购物的习惯已经形成，直接导致线下市场恢复进程缓慢，2020 年家电线下零售规模为 3929 亿元，同比降低 20.2%，多数家电品类线下销量同比呈负增长态势，尤其是传统大家电下滑幅度较大。

1. 构建智能家居生态系统，5G 技术推动产品间互联互通

当前，随着人工智能、物联网等技术的不断成熟，智能家居生态已经成为家用电器行业的重要发展方向。中国信息通信研究院发布的《物

联网白皮书（2020 年）》显示，未来物联网连接数结构将发生改变。以智能锁、智能音箱等为代表的智慧家居产品连接数占比将达到 43%。目前，传统家电制造商、互联网巨头、手机制造商和网络运营商纷纷入局争夺智能家居的市场份额。2020 年 12 月，华为在其举办的全屋智能及智慧屏新品发布会上推出 ALL IN ONE 全屋智能解决方案，涵盖照明、安防、空气、用水、音乐、感知等多个子系统。海尔也相继在北京、青岛等打造三翼鸟体验店，该体验店提供阳台、厨房、卫浴、全屋空气、全屋用水、视听等全场景生态解决方案。魅族发布一系列智能家居新品，未来将在照明、安防、控制三大领域发力，为用户构建全屋智能生态系统。在巨头积极布局的背后，智能家居也正从"单品智能"向"全屋智能"演进。然而值得关注的是，目前针对智能家居尚未建立标准规范，用户信息、使用习惯、安防布局等信息的安全风险不容小觑，未来将成为智能家居产业融合发展面临的重要挑战。当前，5G 等新技术正不断促进智能产品互通互联，助力防范安全风险，加速智能技术落地。2020 年 3 月，工业和信息化部发布《关于推动 5G 加快发展的通知》，全力推进 5G 网络建设、应用推广、技术发展和安全保障。5G 带宽高、时延低的特点将促使人与设备、设备与设备之间的交互更加快速便捷，并可将不同的家居设备传感器和算法软件统一整合，通过云端中控打破设备孤岛，形成智能的互通互联，这对于进一步推进智能家居生态建设具有重要意义。

2. **废旧家电回收政策频出，推动家电消费持续升级**

随着国民经济水平的不断提升，我国大部分家电品类已经进入存量市场时期，家电下乡政策以及之后的"节能惠民""以旧换新"政策时期销售的产品，已经构成庞大的替换购买基数。家用电器行业企业积极响应国家"以旧换新"的号召，大力推动家电升级换新，为后疫情时代的家电销售带来了新的动力。2020 年 5 月，国家发展改革委等七部委联合印发《关于完善废旧家电回收处理体系推动家电更新消费的实施方案》。该方案提出，聚焦废旧家电回收处理体系的关键领域和薄弱环节，畅通家电生产、消费、回收、处理全链条。以互联网技术为纽带，通过线上线下融合发展，提升回收处理体系的覆盖率。2020 年 6 月，中国家用电器协会和中国消费者协会共同发起《家电"以旧换新"倡议书》，倡议家电企业共同发力，引导消费者使用安全、节能、环保的家电产品。

地方层面，2020 年 9 月，江苏省发布《江苏省完善废旧家电回收处理体系推动家电更新消费三年行动计划》，计划用三年时间，完善废旧家电回收网点布局，加大拆解企业技术改造，推广典型案例和经验做法。同月，湖北省发布《湖北省完善废旧家电回收处理体系推动家电更新消费三年行动计划（2020—2022 年）》。2020 年 10 月，山东省发布《山东省完善废旧家电回收处理体系推动家电更新消费试点实施方案》，计划到 2022 年建立起完善的废旧家电回收处理体系。在各地政府及企业"以旧换新"政策和优惠的推动下，品质家电消费升级已成为家用电器行业的主旋律。

（三）食品行业

2020 年，我国食品行业正在经历变革，营业收入、行业利润稳步提升。工业和信息化部数据显示，2020 年我国食品工业规模以上企业实现利润总额 6206.6 亿元，同比增长 7.2%。在新冠肺炎疫情背景下，国内消费者受"宅经济"的影响消费观念正发生改变，对健康、便捷、高品质的追求越发明显和迫切。新冠肺炎疫情引发消费者信任危机，消费者更愿意选择大品牌以及有品质背书的品牌，这种观念将持续影响消费者的选择。

1. 多元化消费理念引发食品工业不断创新

婴幼儿食品方面，随着二孩政策的全面放开，国内母婴食品市场正在迎来一波新的发展机遇。2020 年，主要奶粉企业纷纷推出 A2 β-酪蛋白奶粉，君乐宝等国内品牌扎堆推出 A2 蛋白婴幼儿奶粉。此外，母乳低聚糖配方奶粉也成为惠氏、雅培和雀巢等龙头企业 2020 年主要发布的创新产品。无糖产品方面，随着以元气森林为代表的饮料厂商将"代糖"推向年轻消费者，"无糖"概念在行业间重新被引爆，并进一步运用在酸奶、糖果、代餐等多款产品中。《2020—2024 年中国无糖饮料行业市场供需现状及发展趋势预测报告》显示，随着无糖饮料市场渗透率不断提升，已有近六成消费者购买过无糖饮料。方便速食方面，当前速食食品已经不只有方便面一种选项，自热米饭、螺蛳粉、自热火锅、自热烧烤等产品逐渐成为消费者的新选择。消费人群和消费场景的变化推动了方便速食的崛起，并在新冠肺炎疫情的叠加催化下呈爆发式发展。

目前，方便食品赛道已经初步形成了差异化竞争态势，从不同维度上满足了消费者需求。代餐产品方面，2020 年国内轻食代餐领域发生十余起融资事件，总金额超亿元。《天猫食品行业趋势分析报告》指出，从销售量及消费者人数上来看，代餐产品的整体销售稳步增长且呈现出大于 50% 的增长率。代餐市场也逐渐分化出了两条清晰的赛道：一条以超级零、咚吃、薄荷健康等品牌为代表，主要方向是为消费者提供一套健康饮食解决方案；另一条以 WonderLab、ffit8、轻食兽、未来可 7 等品牌为代表，主打代餐产品新消费。

2. 食品安全与健康正成为食品行业技术创新的重要领域

受疫情冲击，2020 年食品工业显露出食品原辅料供应链不健全、冷链物流疫情防控能力亟待强化、多元化健康食品供应跟不上快速增长的市场需求等新矛盾和新问题，亟待通过技术创新和标准确立予以逐一破解。一方面，食品安全管控需从落实主体责任开始，这就要求各食品加工企业构建更加科学的食品质量管理体系。例如，蒙牛以 26 个模块、93 个要素构建质量管理体系基本框架，实现牧场全链条科学化管理。通过 SAP、LIMS 系统协同，在前端，实现物料自动转序、质量指标实时监控预警；在后端，运用大数据算法模型和 AI 分析，提前预判风险，提前采取措施，充分保障产品品质与安全。另一方面，二维码溯源技术正推动产品安全追溯体系更加严格透明。二维码溯源技术可以承载生产者名称、产地、联系方式、配料批次号、生产日期、保质期等重点安全信息，实现食品生产全程透明和可追溯，为食品安全保障提供科技支持。同时，用二维码存储相关产品的产地、生产企业、质检报告、防伪标识等详细信息，还可以有效防止假冒伪劣产品，保护生产企业的合法权益。

（四）医药行业

2020 年，面对肆虐的新冠肺炎疫情，我国医药行业在疫苗研发供应、医疗装备支撑、防疫装备供给方面做出了巨大贡献，在防控需求的推动下迅速恢复生产，为经济的全面恢复奠定了重要的基础。鉴于医药行业抗周期性强的特点，其受外部经济环境影响相对较小，2020 年我国医药行业持续推进高质量和规范化发展，已经成为中国经济稳步向前的重要基石之一。

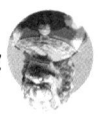

1. 数字化技术创新助推医药工业转型

一是数字化技术推动缩短医药研发周期，提高药品研发成功率。当前，在新药研发和临床管理等应用方面数字化技术赋能作用明显。例如，微软与瑞士药企诺华公司签署协议，推动研究人员立足微软的人工智能领域优势和诺华的生命科学领域专长，共同加速新药的研发。协议显示，诺华计划将微软的人工智能工具应用于药物研发全流程，包括研究、临床试验、生产、运营和财务等各个环节。二是推动提升企业运营效率，降低企业成本。在重构企业运营方面，数字化生产、供应链数字化管理、电子处方流转及医药数字化营销四项数字化产品已经实现相关技术落地。例如，微软联合 Geek+（极客家）为国内医药生产企业提供智能供应链服务，同时使用微软 Azure 的数据与服务能力，构建新型供应链平台，集成数据价值，实现从订单到交付、端到端的可视化。三是满足临床医生需求，改善患者用药体验。疫情期间，微软针对医务工作者工作压力负荷加强、工作难度加大等问题，推出了"Microsoft Cloud for Healthcare"，在这个数字化产品中护理人员能够安排、管理患者的虚拟就诊，并提供相应服务，进一步增强医患沟通、提升护理团队的协作和管理效率。

2. 我国本土创新药上市步伐明显加快

2020 年是我国本土创新药的快速发展时期，随着新药审批不断提速，在新药创制重大专项、国家重点研发计划等政策的扶持下，一批具有临床价值、满足临床急需的创新药在全世界率先获批上市，满足了公众的临床需求。突破性治疗药物审评、药品附条件批准上市申请审评审批和优先审评审批三项工作程序的规范化，对创新药的研发上市起到了助推作用。国家药监局数据显示，2020 年我国共有 20 款创新药获批上市，其中包括 14 款一类化学药、4 款中药新药和 2 款创新生物制品。同时，创新药进入医保的速度正在显著提升。2020 年底发布的《国家基本医疗保险、工伤保险和生育保险药品目录（2020 年）》中，就包含了甲磺酸阿美替尼片、桑枝总生物碱片、筋骨止痛凝胶、连花清咳片等多个同年获批的创新药。

二、质量品牌建设情况

2020 年，面对突如其来的新冠肺炎疫情，我国工业产品质量安全

战线勠力同心抗疫情，全力以赴促发展，各方面工作取得新进展。当前，我国工业产品质量标准中消费品标准体系基本完善，重点领域消费品质量达到或接近国际先进水平，企业质量发展内生动力持续增强，知名消费品品牌价值大幅提升。在此基础上，全社会对消费品行业质量品牌建设越发重视，各项相关政策法规陆续出台，不断规范和强化我国工业产品质量品牌建设。

（一）质量、标准、品牌相关政策加快出台

2020 年，工业和信息化部办公厅发布了《关于做好 2020 年工业质量品牌建设工作的通知》，强调引导企业质量管理体系升级、推广先进质量工具方法、稳步推动质量分级评价、深化开展工业品牌培育、提升质量技术基础水平、加强质量品牌人才培养。2020 年 3 月，市场监管总局印发《全国重点工业产品质量安全监管目录（2020 年版）》，在 2019 年版的基础上强调结合实际进一步突出监管重点、加强安全评估、加强分类监管、加强动态调整等。

纺织行业方面，工业和信息化部委托中国纺织工业联合会组织开展了 2020 年度"十大类纺织创新产品"荣誉称号认定工作，此次称号认定推出了"百子图"刺绣云肩连衣裙等共计 115 件产品，共包含时尚创意产品、非遗创新产品、智能科技产品、舒适功能产品、运动功能产品、医疗卫生用功能产品、易护理产品、安全防护产品、健康保健产品和生态环保产品十大品类。同时，中国纺织工业联合会品牌工作办公室发布《2020 年中国纺织服装品牌发展报告》。报告指出，数字化转型成为 2020 年纺织行业品牌运营的最大特点，推进产业数字化、推动数字经济和实体经济深度融合已经成为纺织行业转型升级的重要方向。

轻工行业方面，中国轻工业联合会发布了《升级和创新消费品指南（轻工　第七批）》，其中包括 49 项升级消费品产品和 49 项创新消费品产品。2020 年 10 月，工业和信息化部组织发布《2020 年度中国家用电器行业品牌评价结果和品牌发展报告》，针对冰箱、洗衣机、储水式热水器、空调 4 类产品各发布了 10 个优秀品牌，洗碗机、蒸烤一体机、净水器、电饭煲、空气净化器、吸尘器 6 类产品各发布 5 个优秀品牌。

食品行业方面，国家继续围绕消费安全，大力推进重要产品追溯体

系建设。婴配乳粉追溯方面，工业和信息化部数据显示，目前我国"婴配乳粉追溯"体系包括了市场上绝大多数国内婴配乳粉企业的产品和外资企业在国内生产的产品，近九成婴配乳粉可实现追溯，总追溯数据量达到 11.6 亿条，标志着我国婴配乳粉正在进入全追溯时代。同时，针对疫情期间的食品安全问题，市场监管总局出台了《关于疫情防控期间进一步加强食品安全监督工作的通知》，指导各地有针对性地加强食品安全监管，督促食品生产经营者落实主体责任，维护人民群众身体健康，服务疫情防控大局。在国际影响力方面，全球食品安全倡议（GFSI）继续承认我国 HACCP 认证，这意味着我国超过 1.1 万家获 HACCP 认证的食品生产企业在进入 GFSI 成员供应链时能够继续享受贸易便利。质量认证是国际通行的质量管理手段和贸易便利化工具，我国食品领域已颁发 12 万张认证证书，涉及数万家企业。

医药行业方面，工业和信息化部印发《推动原料药产业绿色发展的指导意见》，针对产业布局、产业结构、技术水平、绿色标准和清洁生产水平等方面设定发展目标。为保障疫情期间疫苗生产车间生物安全，2020年 6 月，国家卫生健康委、科技部、工业和信息化部、市场监管总局、国家药监局联合印发《疫苗生产车间生物安全通用要求》，紧密结合药品生产质量管理规范要求，基于疫苗生产全过程中的生物安全风险提出生物安全方面的要求，作为新冠肺炎疫情防控期间推动新冠疫苗生产的临时性应急要求。

（二）质量监管力度持续加大

2020 年，市场监管总局针对与老百姓衣食住行密切相关的重点产品和重点指标，组织开展了 98 种消费品的国家监督抽查，共抽查 9238家企业的 9549 批次产品。其中，有 60 种产品的抽查不合格发现率在 3年内有所下降，质量状况持续向好，特别是织物蒸汽机、非接触式水嘴、液晶显示器等 19 种消费品质量水平提升显著，抽查不合格发现率下降10 个百分点以上。同时，针对疫情期间医疗器械的质量监管问题，国家药监局针对重点任务进行专项调度和督导检查，通过建立出口企业清单、进一步规范出口销售证明、确定重点检查领域、强化监督抽检力度、联合开展督导检查等方式，全面强化落实各项责任，并在疫情期间起到了重要的支撑作用。

市场监管总局发布的《关于 2020 年全国汽车和消费品召回情况的通告》显示，2020 年全国消协组织共受理消费者投诉约 98.2 万件，其中质量与安全问题占 23.7%。家用电子电器类投诉约有 9.4 万件，占投诉总量的 9.6%，位居商品类投诉第一。市场监管总局缺陷产品管理中心收到消费者提供的消费品缺陷线索 1430 条，涉及电子电器（占 86.8%）、其他交通运输设备（占 4.3%）、儿童用品（占 3.1%）等产品，问题主要涉及笔记本电脑电池鼓胀、电动平衡车失速、儿童滑板车倾翻、便携式儿童代步车稳定性不足等。2020 年，我国共实施消费品召回 612 次，涉及产品 800.5 万件，比上年分别增长 40.7% 和 22.8%。召回非医用口罩 79 次，涉及数量 126.0 万件。全年受市场监管部门调查影响召回次数为 556 次，涉及产品 681.3 万件，占召回总数量的 85.1%，高于历史平均水平，消费品生产企业仍应把产品安全放在首位。

（三）品牌影响力日益提升

由世界品牌实验室（World Brand Lab）发布的世界品牌 500 强榜单（2020 年）显示，2020 年世界品牌 500 强企业平均年龄为 96.76 岁，相比 2019 年的 101.94 岁有所下降。从品牌数量的国家分布看（见表 6-1），美国品牌占据 500 强中的 204 席，美国仍然以较大优势保持世界品牌第一强国地位；法国、日本、中国、英国入选品牌数分列第二、第三、第四和第五位，构成世界品牌大国的第二阵营。其中，我国入选的品牌数达到 43 个，相比上年新增 3 个，排名上升 1 位。

表 6-1　2020 年世界品牌 500 强榜单入选品牌最多的前 10 个国家

单位：个

排名	国家	品 牌 数 量		代表性品牌
		2020 年	2019 年	
1	美国	204	208	谷歌、苹果、亚马逊、可口可乐、通用电气
2	法国	45	43	欧莱雅、路易威登、香奈儿、卡地亚、迪奥

续表

排名	国家	品 牌 数 量		代表性品牌
		2020 年	2019 年	
3	日本	44	42	佳能、索尼、丰田、松下、日本电报电话
4	中国	43	40	国家电网、腾讯、海尔、中国工商银行、五粮液
5	英国	40	44	沃达丰、英国石油、联合利华、汇丰
6	德国	27	27	宝马、梅赛德斯-奔驰、大众、思爱普、奥迪
7	瑞士	18	21	雀巢、瑞信、劳力士、欧米茄、瑞银
8	意大利	15	14	古驰、普拉达、法拉利、菲亚特、葆蝶家
9	荷兰	9	9	壳牌、飞利浦、喜力、荷兰国际集团、毕马威
10	加拿大	7	6	庞巴迪、加拿大皇家银行、丰业银行
10（并列）	韩国	7	6	三星、现代汽车、起亚、乐金、乐天

资料来源：世界品牌实验室，2020.12。

三、重要数据

（一）研发投入情况（见表 6-2）

表 6-2　2019 年按行业分规模以上企业 R&D 投入人员数及企业 R&D 经费内部支出

行业项目	纺织工业①	轻工业②	食品工业③	医药制造业
R&D 投入人员数（人/年）	266229	371966	178236	176589

---

① 纺织工业统计按纺织业、纺织服装、服饰业、皮革、毛皮、羽毛及其制品和制鞋业、化学纤维制造业之和计算。

② 轻工业统计按烟草制造业，木材加工和木、竹、藤、棕、草制品业，家具制造业，造纸和纸制品业，印刷和记录媒介复制业，文教、工美、体育和娱乐用品制造业，橡胶和塑料制品业之和计算。

③ 食品工业统计按农副食品加工业、食品制造业，以及酒、饮料和精制茶制造业之和计算。

第六章 消费品行业

续表

行业项目	纺织工业	轻工业	食品工业	医药制造业
R&D经费内部支出（万元）	5755384	8802075	5257480	6095605

注：下文涉及的纺织工业、轻工业和食品工业的计算范围均与本表中相同。

数据来源：《中国科技统计年鉴2020》，2020.12。

（二）知识产权情况（见表6-3）

表6-3 2019年按行业分规模以上制造业企业专利情况

单位：件

行业专利项目	纺织工业	轻工业	食品工业	医药制造业
专利申请数量	31753	86941	26264	23400
发明专利数量	8073	19897	8702	11883
有效发明专利数量	22982	71185	27536	47910

数据来源：《中国科技统计年鉴2020》，2020.12。

（三）新产品情况（见表6-4）

表6-4 2019年按行业分企业新产品开发项目数、经费支出与销售收入

项目行业	纺织工业	轻工业	食品工业	医药制造业
新产品开发项目数（项）	33252	66610	29363	36098
新产品开发经费支出（万元）	6831231	10911177	5969153	7325193
新产品销售收入（万元）	93743815	141708486	63829934	66734599

数据来源：《中国科技统计年鉴2020》，2020.12。

第二节 主要问题

一、高品质产品有效供给不足

当前，我国高品质消费品供给能力与居民消费结构中高端升级之间仍存在着深层次的矛盾，消费品品质、品种、品牌仍与发达国家有明显

105

差距，国内消费者对国产商品质量的信心不足。受新冠肺炎疫情影响，2020年我国消费品行业进出口贸易受到一定程度阻碍，但在此背景下，消费者仍对高端海外品牌、海淘商品趋之若鹜，在居民收入增长和消费意愿持续提升的背景下，大量消费者选择国外商品。这表明我国在农副产品深加工、高端医疗器械、高端旅游装备等领域开发生产能力不足，品牌效应尚未得到明显提升，极大地阻碍了我国消费品工业企业参与全球市场竞争。

二、行业发展需求与技术供给难以对接

近年来，我国消费品行业技术创新取得很大进步，但与发达国家相比，企业创新能力仍处于较低水平。一方面，我国消费品企业多以中小企业为主，发展历程较短，规模较小，实力有限，创新资源不足，加上我国不同地区对中小企业发展与创新的政策激励存在巨大差异，使得消费品行业的中小企业遵循传统生产创新思路，难以产生新的消费产品。另一方面，产学研合作各方处于不同的领域，各自追求的目标和价值观念也不一样，故合作各方动力不足、活力不强，导致消费品行业发展需求与技术供给难以对接，导致技术供给质量不高、供给不足，部分高校研发的科技成果难以直接应用于生产环节。

三、产业支撑环境亟待进一步完善

一方面，以食品工业、轻工业等为代表的消费品行业知识产权保护体系尚未完善。以服装行业为例，服装行业是一个对创新要求极高的行业，也是知识产权诉讼频繁的领域，服装款式、商标、面料图案等方面抄袭成本较低，独立设计师极易受到抄袭等侵权行为影响。另一方面，新兴业态的行业标准尚未建立。以智慧家居生态为例，当前国内新建住宅安装智能家居系统的趋势越加明显，但智能家居系统整体仍然存在智能化水平不高、标准不统一、兼容性较差、检测技术依据缺乏、市场质量监督体系尚不规范等问题，尤其是当前各企业间技术架构不尽相同，导致行业出台统一通用的技术标准难度较大。

第三节　对策建议

一、加强消费品工业有效供给水平

一是积极攻破制约消费品工业领域的关键核心技术和关键共性技术，其中重点关注质量水平方面关键技术的突破与创新。二是强化企业定制化、客制化、个性化服务水平，推动企业从上游纺织印染到中游设计生产，再到下游服务和零售实现一条龙定制化服务，着力解决上游原材料供应中大批量与多品种供应的矛盾。三是推进国内产品品牌建设，实施年度品牌培育计划，鼓励重点行业企业建立自有品牌管理体系和商标推广体系，强化行业龙头企业品牌效应，孵化培育一批代表中国优质形象的民族品牌和民族企业。

二、提升消费品企业核心技术研发能力

一是支持国内企业加大技术研发投入力度，注重品质化、差异化等消费需求，推动消费品工业改造升级，在服装、制鞋、家具、家电等行业推广大规模个性化定制模式和解决方案。加快大数据、云计算、人工智能等信息技术与产业的融合发展。二是加强消费品行业技术创新体系建设，鼓励企业创建企业技术中心、工业设计中心等创新平台，提高创新研发能力，实施技术创新项目，培育一批"独角兽"种子企业。三是加快工业设计与消费品工业的深度融合，推出一批工业设计精品，促进轻工、纺织等传统消费品行业的数字化改造，提升医药行业智能化水平，培育一批消费品行业智能工厂，鼓励企业申报消费品工业个性化定制和创新示范服务平台。

三、优化消费品工业发展环境

一是营造良好的市场环境，引导消费品行业市场发展，实现公平竞争的市场氛围，重视提升企业诚信，加强知识产权保护，严厉打击假冒伪劣产品，进一步净化市场环境。二是优化提升消费品企业创新环境，

主责部门应为中小企业技术创新提供更完善的保护机制，加快高校、科研院所的科研成果向产品和技术创新转化的速度，保障创新主体获得应有回报，提高各创新主体的积极性。三是引导企业尊重消费者需求，大力开发个性化定制、规模化定制、高端化定制等新型消费模式，着力发展线上经济等新消费业态。

第七章

电子信息产业

当前，新一轮科技革命与产业变革持续深入，作为我国经济建设中战略性、基础性和先导性的支柱产业，电子信息产业呈现出研发投入集中、创新活动活跃、行业渗透性强、上下游带动作用大的特点，在推进建设网络强国和制造强国中具有重要作用。特别是当前以 5G 基站、工业互联网等为代表的新型基础设施加速推进建设，新一代信息技术与其他领域的产业融合、技术融合、市场融合进一步加速和深化，服务型制造、网络化协同制造等新模式新业态不断涌现，加快推动制造业生产方式和企业形态重构，促使制造业降低生产成本、提高生产效率、提升核心竞争力。当前，我国电子信息产业的产业规模、产业结构、技术水平均得到大幅提升，特别是以 5G 为代表的新一代信息技术正不断推动产业链向上升级，国际竞争力、影响力持续提升。但我们要清醒地看到，在全球新冠肺炎疫情反复、逆全球化加速、中美关系愈加复杂的背景下，电子信息产业链中的高端价值环节已成为国际科技竞争高地，为我国电子信息产业供应链、生态链重塑与变革带来发展机遇的同时，也带来了诸多风险与挑战。在此基础上，建议持续加强我国电子信息产业核心创新能力、构建产业创新生态体系、完善各部门协调机制。

第一节　总体情况

2020 年，我国电子信息制造业总体运行平稳向好，计算机、电子元件、集成电路等产品生产平稳，绝大部分行业出口交货值实现同比正增长，行业利润增速同比加快，投资保持稳步回升态势。根据工业和信息化部发布的数据，2020 年我国规模以上电子信息制造业增加值同比增长 7.7%，增速比上年回落 1.6 个百分点。全年规模以上电子信息制造业累计实现出口交货值同比增长 6.4%，增速比上年提升 4.7 个百分点。全年规模以上电子信息制造业实现营业收入同比增长 8.3%，增速同比提高 3.8 个百分点。总体来看，2020 年我国电子信息产业保持稳定增长，电子信息技术在驱动工业经济迅速发展、服务业快速增长上扮演着重要角色，电子信息产品在促进信息消费、提振内需上的作用不断凸显。

一、重点领域技术发展、创新及产业化情况

（一）通信设备制造业

2020 年，我国通信设备制造业生产保持较快增长。工业和信息化部发布的数据显示，2020 年我国通信设备制造业出口交货值同比增长 13.7%。主要产品中，手机产量同比下降 2.6%，其中智能手机产量同比增长 6.2%。通信设备制造业营业收入同比增长 4.7%，利润同比增长 1.0%。

1．手机产品

受疫情影响，2020 年我国手机行业出现一定程度的下滑，但智能手机市场仍保持平稳增长。根据中国信通院 2021 年 1 月发布的报告，2020 年国内手机市场总体出货量累计 3.08 亿部，同比下降 20.8%，其中，智能手机累计出货量 2.96 亿部，占同期手机出货量的 96.0%。2020年，我国 5G 手机市场快速发展，各大手机品牌商 5G 手机出货量及新机型款数量均大幅提升，截至 2020 年底，国内市场 5G 手机出货量累计 1.63 亿部，上市新机型累计 218 款，分别占同期出货量及新机型数量的 52.9%和 47.2%，呈显著上升的趋势。从市场份额来看，国产品牌手机越来越受到国内消费者的青睐。2020 年 12 月，国内市场国产品牌手机出货量为 2055.3 万部，占同期手机出货量的 77.3%，其中，小米手机正在成为全球手机市场的"新变量"。2020 年全年，小米手机全球出货量为 1.48 亿部（同比增长 17.6%），与华为的差距不断缩小。但值得注意的是，国内市场高端手机领域依旧主要由苹果（2020 年上半年占

比 44.0%）和华为（2020 年上半年占比 44.1%）占据，OPPO、vivo、小米等国内知名品牌在高端手机领域仍缺乏具备竞争力的产品。因此，在全球 5G 加速布局、高端芯片供应受限的背景下，国产手机品牌在自主创新、底层技术、品牌竞争等领域与国际龙头企业的竞争局面将更加激烈。

2020 年，随着新冠肺炎疫情在世界范围内的肆虐，全球手机市场大幅萎缩，各家手机厂商纷纷加快在手机形态、5G 应用及技术创新等方面的探索，智能手机新技术、新科技持续涌现：

一是超薄玻璃技术的突破有望降低折叠屏手机的成本。伴随 OLED 等柔性显示技术的不断成熟，智能手机迎来折叠屏手机时代。2020 年，三星 Galaxy Z Flip 率先使用 Dowoo Insys 的 UTG 技术，并采取在 UTG 上增加一层 PET 保护层来增加 UTG 的抗冲击和防飞溅能力。UTG 的面市改变了 CPI 垄断的市场格局，拉低了可折叠屏手机的价格，助推了可折叠屏手机市场的发展。未来 UTG 的突破或由康宁 UTG 完成，其在抗冲击方面不断提升水平，继续发挥成本优势，成为可折叠手机盖板市场重要的玩家之一。

二是屏下摄像头技术的逐渐成熟正推动全面屏手机时代的到来。2020 年 8 月，国产手机厂商中兴发布了中兴 Axon 20 5G，标志着全球首款市场级屏下摄像头智能手机的诞生。中兴通过与维信诺等显示屏厂商加强在屏体材料、电路、芯片、算法和像素五大技术上的技术合作，在提升屏体透明度、抑制光学衍射、提高摄像头拍照效果等方面实现了大幅进步。但由于解决方案尚不成熟，中兴该款屏下摄像头智能手机的良品率并不稳定，供应量受到极大限制，虽然在手机行业技术创新中赢得了行业口碑，但是在市场竞争中尚未获得显著成绩。其他国内厂商也在屏下摄像头方面持续推进技术研发，如 vivo 发布了屏下摄像头的概念机型，小米公布了第三代屏下摄像头技术，中兴展示了屏下 3D 结构光新技术。

三是快充技术获得阶段性突破。2020 年，OPPO、iQOO、小米通过提升电芯的充放电能力、增强电荷泵的承载力、优化多电芯和多极耳的设计等方式，推出了各自的 120W 快充技术。例如，OPPO 通过改进 Type-C 接口触点，提升接口承载电流的能力，同时在机身内部设计使

用三个并联的电荷泵进行分压。iQOO 改良双电荷泵承担 120W 的负担，用 6C 电芯和阵列极耳降低内阻，从而降低机身过热情况。小米则通过使用石墨作为基底，使得锂离子可以及时嵌入石墨体中，从而加快锂离子交换速度，提升充电效率。

2. 移动通信设备

2020 年，我国移动通信设备产业保持良好的发展势头，中央高层会议多次聚焦以 5G 基站、人工智能为代表的新型基础设施，为我国电子信息产业转型升级、制造业高质量发展提供强大动力。据工业和信息化部发布的数据，2020 年，通信设备制造业出口交货值同比增长 13.7%，营业收入同比增长 4.7%，利润同比增长 1.0%。随着我国 5G 基础建设的持续推进，基站天线、射频器件等通信传输设备市场容量不断扩大，据市场调研机构 Dell'Oro 数据统计，截至 2020 年第三季度，华为以 32.8% 的份额占比占据全球 5G 通信设备市场榜首，排名其后的分别是爱立信（30.7%）、中兴（14.2%）、诺基亚（13.0%）和三星（6.4%）。总体来看，2020 年我国移动通信设备技术创新呈现以下特点：

一是新型基础设施建设进一步加快。我国在 5G 网络建设中布局较早，基站总量、网络质量和通信装备制造水平全球领先。截至 2020 年底，5G 网络已基本覆盖全国所有地级以上城市及重点县市，以独立组网模式规模部署，充分发挥了网络切片等技术带来的大宽带、低延时的通信服务优势。工业和信息化部发布的《2020 年通信业统计公报》显示，2020 年，我国移动通信基站总数达 931 万个，全年净增 90 万个，其中 4G 基站布局达 575 万个，全国城镇地区基本实现深度覆盖。同时，按照适度超前原则，全年新建 5G 基站超 60 万个，其中已开通的 5G 基站超 71.8 万个，超 33 万个基站为中国电信和中国联通共建共享。2020 年 3 月，工业和信息化部发布《关于推动 5G 加快发展的通知》，通知中强调了加快 5G 网络建设部署，包括加快 5G 网络建设进度、加大基站站址资源支持、加强电力和频率保障，同时，强调 5G 技术和标准研发，加速 5G 应用模组研发，支撑工业生产、可穿戴设备等泛终端规模应用。

二是移动通信设备产业制造商协同电信运营商、系统集成商大力推进"云网融合"战略，移动通信设备软件化、云端化程度持续提升。随

着消费互联网流量带来的移动数据及互联网业务收入增速放缓，移动通信设备产业面向数字政府、智慧城市、智能制造提供各类应用解决方案，在云基础设施、软件定义网络、网络功能虚拟化等领域加快投资，强化提升服务政企客户的云服务、数据中心等 ICT 解决方案。2020 年，以 IPTV、云计算为主的固定增值电信业务收入同比增长 26.9%，其中云服务收入增长达到 85.8%。

（二）电子视听设备制造业

2020 年，我国电子视听设备制造业保持平稳增长，但增长力度有所减缓。根据中国电子信息行业联合会和国家统计局数据，2020 年我国非专业视听设备制造业销售收入为 6646.9 亿元，同比增长 1.9%，利润总额达 170.5 亿元，同比增长 3.9%。全年我国彩色电视机产量为 19626.2 万台，同比增长 3.3%。近年来，在 5G、人工智能等技术的推动下，我国智能电视行业快速发展，作为智能家居的重要组成部分，智能电视的巨大市场潜力吸引众多企业参与其中，以硬件提升创新和围绕内容建设行业生态已经成为智能电视的重要创新方向，进一步推动了我国电视行业的创新与变革。特别是当前智慧屏作为人工智能和物联网等新兴技术推动下的家庭智慧交互终端，已经成为智能电视创新的最新演进形态，具备媒体信息呈现、媒体信息处理、端侧智能、多模人机交互、信息与场景感知、网络互联、设备协同、安全与隐私保护等多方面基础能力。同时，智能电视产品带动上下游产业生态不断完善，当前华为、长虹、荣耀、海尔、苏宁等厂商均布局智能电视智慧屏产品。在电视产品消费习惯由大屏向智慧屏演进的过程中，各整机厂商已建立起共识，包括芯片、模组、面板、配套件等供应链上下游厂商在技术升级、市场需求反馈、产品迭代、商业模式创新等方面加快沟通与合作，持续提供性能更好的整机设备。整机厂商也着力构建具备人工智能算法、算力、交互感知和网络连接技术的开放能力平台，协助开发者在各类应用场景中开发更丰富的应用，构建起良好的智慧屏应用生态环境。

总体来看，2020 年我国电子视听设备制造业技术创新呈现如下特点：一是超高清屏+高刷新率成为高端智能电视发展主流。目前，包括三星 QA55Q70RA、索尼 KD-55X9500G、OPPO 智能电视 S1、小米 OLED

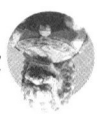

电视、Redmi MAX 等电视厂商智能电视产品均支持 4K 超高清画质，配置 120Hz 屏幕刷新率。2020 年 10 月，中国超高清视频产业联盟（CUVA）发布的《5G + 8K 超高清国产化白皮书》中提到，5G 网络下基于超高清、低时延、高互动的沉浸式视频业务场景不断产生和演化，将成为未来视频行业的主力军。二是 8K 技术商用条件成熟，8K 电视正式大规模落地。以华星光电为例，通过长期积累 8K 显示技术，第 11 代 8K 超高清、超大屏显示屏生产线于 2020 年开始大规模投产，受此影响，TCL 连续推出 11 款 75 英寸及以上的超大屏电视产品。同时，内容方面的持续丰富也保证 8K 技术不会处于"无内容可播"的局面。2020 年全国两会期间，新华社首次完成了"5G+8K+卫星"的实况转播，11 月中国足球协会超级联赛决赛也在苏州完成了 8K 超高清直播试验。

（三）计算机制造业

2020 年，我国计算机制造业累计产量实现平稳增长，整体行业利润保持快速增长。根据工业和信息化部、中国电子信息行业联合会数据，2020 年 12 月，计算机制造业出口交货值同比增长 18.1%。主要产品中，微型计算机设备产量同比增长 42.3%，其中，笔记本电脑产量同比增长 68.6%。全年计算机制造业营业收入达到 21576.3 亿元，同比增长 10.1%；利润达到 687.2 亿元，同比增长 22.0%。当前，我国仍然缺乏计算机生产的领导者，以联想为主的计算机生产商多以计算机组装为主，缺乏 R&D 投资和关键技术专利，我国计算机生产商短时间仍受困于技术瓶颈。

1. 超级计算机

根据 2020 年 6 月国际超算大会（ISC 2020）上公布的全球超级计算机 TOP500 榜单，中国和美国依然保持了绝对领先地位。在整个 500 强榜单中，中国大陆地区上榜 226 台系统，占 45.2%；美国上榜 114 台，占 22.8%；日本排名第三位，上榜 30 台。具体来看，日本的"富岳"（Fugaku）超过美国的 Summit 和 Sierra，排名榜首。富岳系统采用 48 核的 ARM 芯片 A64FX 核心处理器，其 Linpack 值达到 415.5 PFLOPS，性能表现是上届榜首冠军 Summit 的 2.8 倍，是"神威·太湖之光"的 4.5 倍，这是基于 ARM 芯片的超算系统历史上首次夺得全球超算

TOP500 冠军。富岳系统登顶后，美国超算系统 Summit 和 Sierra 屈居第 2、第 3 位，曾经 4 连榜首、6 连榜首的中国超算系统"神威·太湖之光""天河二号"，在本次榜单中分别排第 4、第 5 位。榜单前十位中，还有 3 台"新势力"：排名第 6 的是意大利能源巨头 Eni 出资研制的 HPC5；排名第 7 的是搭载了 AMD EPYC 处理器和最新 A100 GPU 的 Selene，由英伟达公司推出；排名第 9 的 Marconi-100，部署在意大利计算中心。

值得关注的是，随着量子物理与信息科学交叉的新生学科快速发展，量子计算日渐成为超级计算机领域被密切关注的技术发展方向。2020 年，我国量子计算取得突破性进展。12 月，中国科学技术大学潘建伟、陆朝阳等组成的研究团队与中科院上海微系统所、国家并行计算机工程技术研究中心合作，构建了具备 76 个光子的量子计算原型机"九章"，并在快速求解"高斯玻色取样"任务中实现了创新突破。这标志着我国在量子计算领域成功树立了量子计算优越性的首个里程碑，同时意味着我国在国际量子计算研究中确立了第一方阵地位，这为未来解决具有重大实用价值问题的规模化量子模拟机发展奠定了坚实的技术基础。

2. 个人计算机（PC）

国家统计局统计数据显示，2020 年我国微型计算机设备产量为 37800.4 万台，同比增长 10.64%。IDC 发布的数据显示，2020 年全年，全球 PC 市场出货量同比增长 13.1%，达到 3.03 亿台。上一次 PC 市场有如此大幅的增长还是在 2010 年，当时 PC 市场全年出货量同比增长 13.7%。2020 年，联想依旧领先，出货量高达 7266.9 万台，占据了全球市场份额的 24%；惠普出货量达 6764.6 万台，占据了 22.4% 的市场份额，排名第二；戴尔出货量为 5029.8 万台，占据了 16.6% 的市场份额，排名第三；苹果和宏碁分列第四和第五位，出货量分别为 2310.2 万台（占比 7.6%）和 2098.9 万台（占比 6.9%）。

2020 年，全球个人计算机市场愈加饱和，随着疫情对整体市场的影响，各计算机厂商技术创新竞争愈演愈烈。CPU 方面，市场竞争异常激烈，2020 年 AMD 公司联合华为等多家企业推出搭载 AMD 处理器的轻薄笔记本电脑产品，在提升 CPU 性能的同时保持了对于 Intel 同类机型的价格优势，直接带动了 AMD 产品在上半年销量的快速增长。AMD

作为英特尔的主要竞争者，从低端产品到高端产品全力布局，如基于Zen2架构的锐龙3000系列处理器，不断给英特尔的产品线带来竞争压力。英特尔在2020年升级了10代酷睿处理器，为其标配了超线程技术，同时酷睿i9增加到了10核心。个人计算机设计方面，全球第一台折叠屏幕笔记本电脑ThinkPad X1 Fold正式上市，仅重900克的极致轻薄生产力工具ThinkPad X1 Nano也同期亮相。同时，全球第一款内置5G功能的笔记本电脑Yoga5G在中美等全球多地开卖。

（四）电子材料、元器件制造业

2020年，我国电子元件行业保持快速增长势头，营业收入和利润均呈现稳步增长。工业和信息化部数据显示，2020年，电子元件及电子专用材料制造业实现营业收入21485.7亿元，同比增长11.3%，实现利润1328.8万元，同比增长5.9%。其中，12月出口交货值同比增长22.8%。2020年，电子器件制造业营业收入同比增长8.9%，利润同比增长63.5%，其中，12月电子器件制造业出口交货值同比增长14.1%。主要产品中，电子元件产量同比增长37.1%，集成电路产量同比增长20.8%。

2020年，全球遭遇新冠肺炎疫情，我国集成电路行业却因"宅经济"而保持增长势头，个人计算机、平板电脑、电视、游戏机等消费电子需求大增，海外半导体上下游产业工厂复工困难，我国因此承接了更多订单，晶圆代工厂产能利用率大幅提升。根据中国半导体行业协会数据，2020年我国芯片产业销售额达到8911亿元，增长17.8%，为同期全球产业增速的3倍，其中设计业销售额为3778.4亿元，同比增长23.3%，制造业销售额为2560.1亿元，同比增长19.1%，封装测试业销售额为2509.5亿元，同比增长6.8%。技术创新方面不断取得突破，目前制造工艺、封装技术、关键设备材料都有明显提升，在设计、制造、封装测试等产业链各环节上也涌现出一批新的龙头企业。

需要持续关注的是，我国集成电路产业高端领域与国外水平差距仍然明显，产业高端环节核心竞争优势尚不明显，技术、材料、设备对外依存度过高的问题未得到根本解决，尤其是在集成电路制造设备领域，光刻机、刻蚀设备等长期被欧美、日本等发达国家垄断。总体来看，2020

年我国集成电路行业技术创新呈现如下特征：

一是部分关键核心技术取得突破。2020 年 10 月，华为发布基于 5nm 工艺制程的麒麟 9000 手机 SoC，这是世界首个采用 5nm 工艺制程的 5G 手机 SoC。芯动科技完成全球首个基于中芯国际 FinFET N+1 先进工艺的芯片流片和测试，该工艺在功率和稳定性方面与 7nm 工艺相近，相比于 14nm 性能提升 20%，功耗降低 57%。南大光电自主研发的 ArF 光刻胶产品取得关键性突破。刻蚀设备领域，我国在研发和市场化方面取得一定成果，中微公司的 5nm 刻蚀机成功进入台积电生产线，旗下 MOCVD 设备市场占有率全球第一；北方华创自主研发的 14nm 等离子硅刻蚀机、单片退火系统、LPCVD 已成功进入集成电路主流代工厂。

二是我国加快第三代半导体产业布局。2020 年，国内多个第三代半导体项目持续推进。3 月，中国电科（山西）碳化硅材料产业基地以及积塔 6 英寸碳化硅生产线两个项目建成投产。天和通讯第三代半导体（徐州）产业基地、绿能芯创碳化硅芯片项目和博方嘉芯氮化镓射频及功率器件项目三个项目建设。泰科天润运营总部及碳化硅器件生产基地项目、高启电子氮化镓外延片项目等多个项目成功签约。7 月，长沙高新区启动建设"三安光电第三代半导体产业园"，该项目投资 160 亿元、占地面积超 1000 亩。同时，华为旗下的哈勃科技投资了国内领先的第三代半导体材料碳化硅龙头企业山东天岳。

（五）软件和信息技术服务业

根据工业和信息化部发布的《2020 年全国软件和信息技术服务业统计公报》，2020 年我国软件和信息技术服务业持续恢复，呈现平稳发展态势，逐渐摆脱新冠肺炎疫情的负面影响。收入和利润均保持较快增长，从业人数稳步增加，信息技术服务加快云化发展，软件应用服务化、平台化趋势明显，西部地区软件业增速较快，东部地区保持集聚和领先发展态势。

统计数据显示，2020 年全国软件和信息技术服务业规模以上企业超 4 万家，累计完成软件业务收入 81616 亿元，同比增长 13.3%。利润增速稳步提升，2020 年软件和信息技术服务业实现利润总额 10676 亿元，同比增长 7.8%，人均实现业务收入 115.8 万元，同比增长 8.6%。

分领域看，2020年软件产品收入实现较快增长，全年实现收入22758亿元，同比增长10.1%，其中，工业软件产品实现收入1974亿元，同比增长11.2%，为支撑工业领域的自主可控发展发挥重要作用。信息技术服务全年实现收入49868亿元，其中，电子商务平台技术服务实现收入9095亿元，同比增长10.5%；云服务、大数据服务共实现收入4116亿元，同比增长11.1%；信息安全产品和服务实现收入1498亿元，增速相比上年略有回落；嵌入式系统软件实现收入7492亿元，同比增长12.0%，相比上年增长加快。

分地区看，东部、西部地区软件业增长较快。2020年，东部地区共完成软件业务收入65561亿元，占全国软件业收入的80.0%。中部和西部地区软件业务收入分别为3726亿元和9999亿元，同比增长3.9%和14.6%。东北地区完成软件业务收入2330亿元，同比增长1.9%。总体来看，2020年我国软件与信息技术服务业技术创新上总体呈现如下特征：

一是技术创新日益活跃，核心关键技术取得进展。2020年，软件研发投入强度为8.4%，比上年提高0.5个百分点，软件著作权登记量突破148万件，通信领域软件企业国际专利申请量已居全球前列。在核心关键技术领域，国内自主研发的鸿蒙操作系统（HarmonyOS）、统一操作系统（UOS）相继推出，工业研发设计软件（CAE）技术取得重大突破，分布式关系数据库奥星贝斯（OceanBase）打破数据库基准性能测试世界纪录。

二是云化转型升级加快，大企业培育成效显著。2020年，我国软件企业通过大数据服务、云服务、平台运营等业务实现的收入占总业务收入的比重超20%，云服务加速向以规模范围为广度、以行业垂直度为深度、以价值延续为长度等方向协同发展，推动云服务应用从互联网行业向传统行业拓展。2019年，软件业务收入排名前100家企业共实现收入8212亿元，占软件业务收入的比重为11.4%，其中，软件业务收入过百亿元企业达14家，比上年增加1家。龙头企业带动作用不断增强，包括中国移动、阿里巴巴、中国电信在内的14家软件企业入选"2019福布斯全球数字经济100强"。

2020年11月，中国电子信息行业联合会、浙江省经济和信息化厅

等机构联合发布《2020 年度软件和信息技术服务企业竞争力报告》暨 2020 年度软件和信息技术服务竞争力百强榜单。报告显示，2019 年竞争力指数前百家企业（以下简称"百强企业"）的软件业务收入合计为 17820 亿元。百强企业中有 21 家企业软件业务收入规模超过 100 亿元，超过 50 亿元的有 50 家，其中华为、腾讯及阿里巴巴分列榜单的第一、第二、第三名。百强企业实现利润总额 4950 亿元，同比增长 13.5%。总体来看，此次百强企业主要呈现以下特点：一是研发投入持续提升，创新成果显著。2019 年，百强企业研发投入合计 3177 亿元，增速高于同期软件业务收入，企业平均研发投入强度超过 10%；全年百强企业软件著作权登记量超 4 万件，获授权专利数量超 16 万件，发明专利占比超 50%。百强企业高度重视研发投入，推动了行业整体技术进步。我国软件企业在基础软件、工业设计、仿真、办公领域均取得阶段性的原创成果，5G 相关核心支撑软件、关键算法等初步形成国际竞争优势，智能语音识别、云计算及部分数据库技术达到国际先进水平。二是开放合作持续深化，企业国际影响力不断提升。2019 年，百强企业实现软件和信息技术服务出口数额超 400 亿美元，对非洲、东南亚、欧洲等地区的出口持续扩大，华为、中软国际、中通服等 30 多家企业设立了境外分支机构、分公司或研发中心。华为成功进入全球最佳品牌百强行列；腾讯和阿里巴巴成功进入全球企业市值前十强；阿里云入选 Gartner 全球数据库魔力象限，位列世界公有云市场前三。

二、重要数据

（一）研发投入及专利申请情况（见表 7-1）

表 7-1　2019 年电子信息产业 R&D 投入及专利申请情况

行　　业	R&D 经费内部支出（万元）	专利申请数（件）	发明专利数（件）	有效发明专利数（件）
电子及通信设备制造业	24350472	208228	120810	331787
电子工业专用设备制造业	517274	7275	2738	8872
通信设备、雷达及配套设备制造业	9018108	50726	38789	164496
电子元器件制造业	5909226	53383	32821	68336

续表

行　业	R&D 经费内部支出（万元）	专利申请数（件）	发明专利数（件）	有效发明专利数（件）
电子元件及电子专用材料制造业	3988785	47591	26876	48776
智能消费设备制造业	1044062	12713	4716	6355
计算机整机制造业	1044709	4245	2928	13561

数据来源：《中国科技统计年鉴 2020》，2020.12。

（二）技术相关经费支出及新产品情况（见表 7-2）

表 7-2　2019 年电子信息产业技术引进、消化吸收经费支出和

新产品开发、销售情况

单位：万元

行　业	技术引进经费支出	技术消化吸收经费支出	新产品开发经费支出	新产品销售收入
电子及通信设备制造业	846765	71780	36370340	413317546
电子工业专用设备制造业	42	520	710700	4510320
通信设备、雷达及配套设备制造业	673484	79	15535078	174028255
电子元器件制造业	125506	5139	7892430	74056189
电子元件及电子专用材料制造业	29800	1558	5562660	72781120
智能消费设备制造业	5284	330	1447640	41093018
计算机整机制造业	1213	—	1449875	16371827

数据来源：《中国科技统计年鉴 2020》，2020.12。

第二节　主要问题

一、产业技术基础薄弱，关键领域核心技术亟待提升

随着国内对于关键核心技术缺失问题的重视程度不断提升，我国在电子信息领域取得了一系列突破和成绩，产业规模不断扩大。但总体来看，以核心芯片、工业软件、电子材料、基础软件等为代表的关键核心技术受制于人的局面长期存在，产业技术基础仍存在诸多薄弱环节。以集成电路为例，产业整体对外依存度较高，且各环节均存在不同程度的

对外依赖。产业链中以光刻机、EDA 工具、DRAM 存储器以及 CPU、GPU、FPGA、DSP 等芯片产品为代表的细分领域对外依存较高，而这些领域的产品/技术均具有紧密关乎信息安全、国产化需求较高、国产化替代难度极高和国内市场占有率基本为零等特点，对我国集成电路领域供应链安全造成极大的威胁。同时，我国电子信息产业整体处于价值链的中后段，制造厂商主要为劳动密集型，大部分产品附加值低，知识产权布局不足，相关专利和核心技术主要掌握在国外企业手里，难以把握产业发展主导权。

二、产业协同创新能力较弱，产业支撑体系尚未建立

当前，我国电子信息产业从基础研究、技术研发到工程化、产业化的协同创新机制尚不健全，在对接产业发展方面长期处于相对滞后状态。一方面，产学研用未发挥联合效应。高校、科研院所等研究机构在项目设置、论证、研究及验证的全过程中对于市场需求的考虑不足，项目成果中技术产品导向尚未转变为市场需求导向，这导致以国家科研机构为代表的科研力量长期处于与市场脱节的孤立研究状态中。与电子信息强国相比，我国电子信息产业创新侧重于应用领域，底层基础核心技术研发能力和储备远远低于新产品和新服务的市场开拓能力。另一方面，电子信息产业全球化的发展逻辑不同。目前，各国间电子信息产业博弈主要取决于创新生态间的竞争，凭借技术优势和品牌效应，加上高效完善的配套营销模式，国外企业已经构筑起较强的电子信息行业壁垒。而企业在面对电子信息领域的知识产权保护、专利授权摩擦、反垄断调查等国际案件时，往往处于单打独斗的状态，产业支撑体系尚未建立，导致企业海外发展受阻。

三、创新要素配置低效，行业高端人才严重缺乏

电子信息产业属于技术、资金密集型产业，产业的创业特质赋予了电子信息产业发展与风险投资之间的密切关联性，以及产业技术创新对创新人才的高度依赖性。一方面，我国各地电子信息产业基金落地困难。近几年，各地电子信息领域的产业基金持续涌现，但由于政府基金投资

诉求明确，易造成其与社会资金的利益不一致，或是由于基金管理者对产业了解不深、决策效率不高、投资标准设定过高等问题，进而导致大量的产业基金落地效率不高，甚至部分基金实际使用率不足10%，难以充分发挥引导和推动电子信息产业投资的作用。另一方面，电子信息领域各级人才供给严重不足。以集成电路为例，近年来我国集成电路产业迅速发展，人才需求旺盛，但芯片人才供给仍然赶不上需求。人才供给方面，从2019年我国高校毕业生的流向来看，仅有12.93%左右的毕业生进入本行业就业，高校人才供给严重不足。人才结构方面，国内仍缺乏有经验的行业专业人才，尤其是掌握核心技术的关键技术人才，同时高端人才国外引进比例过高。

第三节　对策建议

一、持续加强电子信息产业核心创新能力

瞄准先进通信、工业互联网、高端芯片、超高清显示、量子计算、工控软件等关键领域，部署专项资金，重点布局电子信息领域重大科技发展计划和重点专项，集中力量突破核心技术瓶颈。针对存储系统、智能芯片、高端服务器、传感器操作系统、关键网络设备等技术领域，研究制定大数据底层技术、机器学习、人机交互、模式识别等技术发展路线图，着力实现突破性创新。优化提升以制造业创新中心为代表的产学研用相结合的创新载体，定期评估电子信息领域制造业创新中心运营效果及技术创新成果，及时调整产业布局方向，采取协同合作、利益共享、风险共担的模式，实现一批对产业竞争力整体提升具有全局性影响、带动性强的关键共性技术产业化，加快成果转化和工程示范。

二、构建电子信息产业发展创新生态体系

围绕智能语音语义、工业云、信息安全等电子信息领域技术方向，持续推进制造业创新中心建设，构建开放、协同、高效的关键共性技术研发平台，为企业技术研发提供强有力的支撑。加快科技成果转化构建"国家队＋地方队＋企业队"的全链条创新网络。建设由国家主导，一流

的科研院所、大学共同参与的公共技术服务平台，瞄准基础研究，加大长期持续投入，集中力量在基础应用研究及关键核心技术上取得实质性突破。鼓励高科技企业构建"市场+技术创新+富有正向激励的分配"的现代管理制度，激发创新活力。规范强化针对电子信息领域的风险投资市场，加强产融对接合作，引导产业投资基金、银行等金融机构加大对企业创新投入的支持，推进成果有效转化。

三、完善各部门协调联动机制

当前，量子计算、区块链、人工智能等技术蓬勃兴起，电子信息产业的管理工作已成为复杂的系统工程，必须要加强组织领导，完善各部门协调联动体制。当前，新一代信息技术与其他行业的交叉融合逐渐变多，管理监管对象多样，管理任务复杂多变，涉及的部门间的职能也难以厘清，因此必须协调各方形成合力。一方面，要加强顶层设计，明确国家发展改革委、工业和信息化部、科技部等各有关部门主体责任，破除多头管理的体制机制障碍，做到各部门之间"不缺位、不越位、不错位"，集中优势资源要素促进电子信息产业发展。同时，要建立各层级的信息共享平台，充分利用目前云计算、大数据等新一代信息技术优势，打造统一化、标准化、规范化的协同管理网络平台，提高不同部门对电子信息产业行业的监督、管理效率。

秘乌典

第八章

北京市工业技术创新发展状况

　　北京市坚持贯彻新发展理念，深入实施创新驱动发展战略，推动全市产业高质量发展，在不同产业领域创建了特色鲜明的制造业创新中心，拥有多家国家级工业产品质量控制和技术评价实验室。面对突如其来的新冠肺炎疫情，北京市充分发挥新一代信息技术、医药健康等产业在技术、产品、人才等方面的优势，出色完成疫情防控工作，全面落实"六稳""六保"任务。在技术创新发展方面，北京市统筹推进"三城一区"主平台建设，加快构建高精尖经济结构，大力推动数字经济发展，完善优化科技创新环境，取得了一系列技术创新成果。在质量品牌发展方面，北京市全面推进质量建设工作，政府有关部门会同质量协会及相关联盟，共同强化企业质量建设主体责任，通过提升产业供给质量，激发质量创新活力，提升北京品牌影响力，推动北京市质量品牌建设工作再上新台阶。

第一节　发展回顾

　　2016—2020 年，北京市国民经济增长势头逐渐放缓，但仍延续稳中向好的态势。2016—2020 年北京市地区生产总值、工业增加值及同比增长率如图 8-1 所示。2016—2020 年，北京市地区生产总值同比增长率逐年下降，工业增加值同比增长率 2017 年后逐年下降。2020 年，北京市地区生产总值为 36102.6 亿元，按可比价格计算，比 2019 年增长 1.2%；全年实现工业增加值 4216.5 亿元，按可比价格计算，比 2019 年

增长 1.4%。2020 年，北京市经济运行过程中高端引领、创新驱动的特征更加突出。全市高技术产业增加值占地区生产总值的比重为 25.6%，比 2019 年提高 1.1 个百分点；战略性新兴产业增加值占地区生产总值的比重为 24.8%，比 2019 年提高 1.0 个百分点①。

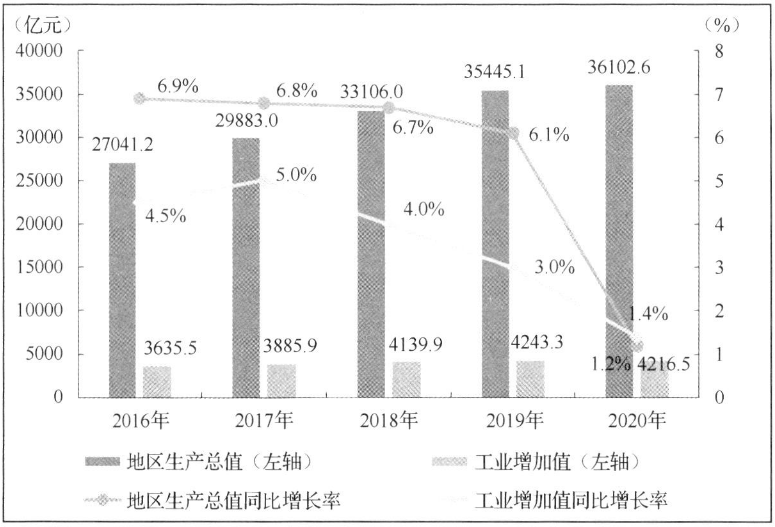

图 8-1　2016—2020 年北京市地区生产总值、工业增加值及同比增长率
数据来源：赛迪智库，2021.3

一、技术创新发展情况

（一）总体情况

《中共中央关于制定国民经济和社会发展第十四个五年规划和二〇三五年远景目标的建议》中明确提出，支持北京形成国际科技创新中心。北京市科技基础雄厚、创新资源集聚、创新主体活跃，近年来，北京市连续三年蝉联全球科研城市首位，新经济增加值占地区生产总值的比重超过三分之一。2020 年 9 月发布的《全球科技创新中心指数 2020》显

---

① 北京市统计局、国家统计局北京调查总队：《北京市 2020 年国民经济和社会发展统计公报》，2021 年 3 月 12 日。

示，北京在全球科技创新中心中位列第五①，诸多条件证明北京已具备形成国际科技创新中心的先发优势。2020 年，北京市统筹推进"三城一区"主平台建设，加快构建高精尖经济结构，大力推动数字经济发展，完善优化科技创新环境，科技创新成果显著，进一步推动经济高质量发展。

（二）主要做法

1. 统筹推进"三城一区"主平台建设

北京市委、市政府高度重视全国科技创新中心主平台"三城一区"的建设。产业政策方面，2020 年 2 月，北京市印发《北京加强全国科技创新中心建设重点任务 2020 年工作方案》，加强战略布局，深化改革创新，细化工作着力点，增加工作合力，突出探索重大突发公共卫生事件科技支撑体系和能力建设，确保工作任务和重点项目落实落细；3 月，发布《"三城一区"知识产权行动方案（2020—2022 年）》，支撑与保障"三城一区"产业升级和科技创新。发展行动方面，中关村科学城成立 5 只总规模 27.85 亿元的科学家基金，加速前沿科技落地转化。怀柔科学城首个大科学装置完成竣工验收备案工作，进入设备安装调试阶段。未来科学城奠基开工全国首家研究型国际医疗产业转化平台暨高博国际研究型医院，并新增 2 个协同创新平台。北京经开区发布《高质量发展行动计划（2020 年—2022 年）》《关于加快四大主导产业发展的实施意见》等政策。

2. 加快构建高精尖经济结构

北京市把打造高精尖产业作为构建高精尖经济结构的突破口和主攻方向。目前，北京市拥有 2.9 万家国家高新技术企业；93 家独角兽企业，数量居全球城市榜首，其中 30%以上的独角兽企业属于生物医药、大数据、人工智能等前沿科技领域。同时，积极布局量子信息、脑科学等领域的新型研发机构，推进实施一批集成电路、人工智能、区块链等

---

① 新华网：《北京：新经济增加值占地区生产总值超过三分之一》，2020 年 12 月 24 日。

领域的重大项目，形成了新一代信息技术与医药健康双轮驱动的发展格局。2020 年，北京市计算机、通信和其他电子设备制造业增加值增长 14.6%，医药制造业增加值增长 9.4%，汽车制造业增加值增长 5.7%；高技术制造业增加值增长 9.5%，战略性新兴产业增加值增长 9.2%，分别高于规模以上工业增加值增长率 7.2 个和 6.9 个百分点[①]。

3. 大力推动数字经济发展

北京市作为全国政治、文化、科技中心，发展数字经济具有得天独厚的优势。北京市委、市政府顺应时代发展趋势，将发展数字经济作为推动制造业高质量发展的重要手段之一。2020 年 9 月，北京市印发《北京市促进数字经济创新发展行动纲要（2020—2022 年）》，提出加快数字技术与经济社会深度融合，提升数字经济发展水平，打造数字经济发展先导区、示范区。按照国家统计局统计口径来核算，2019 年北京市数字经济增加值超 1.3 万亿元，占 GDP 的比重达 38%，2020 年以电子信息传输服务、数字技术服务两大领域为主的数字经济继续保持快速发展[②]。

4. 完善优化科技创新环境

北京市聚焦全国科技创新中心建设，不断完善和优化科技创新生态，深化科技体制改革，激发企业创新活力，加速科技成果转化应用。加快打造京津冀协同创新共同体，积极引导创新要素流动，深化中关村与津冀科技园区的合作。加大应用场景创新，通过科技冬奥、新机场建设等，推进智慧城市、智慧交通产业发展，促进新技术、新产品的应用。加强人才引进，通过政策调整、产业/学术双任命、给予人才更大的研究自主权以及财政资金支持等方式，广泛吸引全球创新创业人才来京发展。2020 年，北京市每万人发明专利拥有量达到 155.8 件，是全国平均水平的 10 倍。

---

① 北京市人民政府新闻办公室："2020 年北京市经济运行情况"新闻发布会，2021 年 1 月 20 日。

②《北京：数字经济快速发展占 GDP 比重近四成》，新华社，2021 年 1 月 12 日。

（三）重点领域

1. 新一代信息技术产业

新一代信息技术产业是北京市重点布局的高精尖产业之一，发展态势良好，特别在 2020 年新冠肺炎疫情期间发挥了不可替代的作用。面对突如其来的疫情，北京市新一代信息技术领域的企业充分发挥高精尖产品和技术优势，提供移动办公、远程会议、云存储等产品和服务，助力社会各界复工复产，保障疫情防控和工作生活高效、便捷、智能开展。北京市多措并举推动新一代信息技术产业发展。2020 年 8 月，北京中关村聚焦新一代信息技术领域启动"Z 计划"，挖掘大数据、人工智能、5G 三个细分领域的创新项目，提供创业辅导、品牌推广、科技金融等全方位服务。9 月，中国（北京）自由贸易试验区成立，其中的科技创新片区将新一代信息技术产业作为重点发展产业之一。中国国际服务贸易交易会期间，北京市组织了 5G 通信服务专题展、5G 通信服务论坛、8K 超高清宣传展示项目，为优势企业搭建发展平台。

2. 新能源汽车产业

北京市持续推进新能源汽车产业发展，产业整体发展平稳，集群效应初步显现，竞争力国内领先。2020 年 6 月，北京经开区发布《关于加快四大主导产业发展的实施意见》，提出到 2022 年高端汽车和新能源智能汽车产业达到 2000 亿元规模的目标，这将为我国新能源高端汽车产业发展注入新的动能。10 月，北京市经信局发布《北京市氢燃料电池汽车产业发展规划（2020—2025 年）》，提出打造氢燃料电池汽车产业创新高地。随后，北汽福田发布 32T 液氢重卡，北清智创组建氢能与燃料电池汽车优势产业联合体。北京市顺义区现已聚集奔驰新能源、北汽集团等多家整车企业，并将进一步吸引电池、电机、电控等核心零部件企业集聚，打造汽车产业创新之城，扩大国际影响力。北京市持续推进国家新能源汽车技术创新中心建设，推动新能源汽车跨入成长期，进入市场化阶段。

第八章　北京市工业技术创新发展状况

二、质量品牌发展情况

（一）总体情况

2020 年，北京市全面推进质量建设工作，起草印发了《北京市工业和信息化领域 2020 年质量品牌工作计划》，政府有关部门、质量协会及相关联盟协同合作，强化了企业质量建设主体责任，提升了企业产品和服务质量，进一步扩大了北京品牌的影响力。

（二）主要做法

1. 提升产业供给质量

在装备制造领域，北京市持续推动中国航天电子技术研究院高端装备、中国船舶工业综合技术经济研究所高技术船舶、遨博（北京）智能科技有限公司协作式机器人三个国家高端装备制造业标准化试点项目建设，以标准化试点为抓手，促进产业发展。在原材料领域，开展质量技术攻关，支持北京石墨烯产业创新中心建设，实现石墨烯高导热材料等规模化制备的关键共性技术突破及多种石墨烯复合材料研发，2020年共获授权专利 9 件。在食品工业领域，北京市积极开展"三品"创建工作，组织推荐食品企业申报食品工业"三品"专项行动典型成果，并举办推进食品产业高质量发展暨食品工业企业诚信管理体系国家标准培训会，推进食品企业诚信体系建设。

2. 激发质量创新活力

北京市每两年评选一届政府质量管理奖，目前已完成两届评选工作，共有 10 家企业获得北京市政府质量管理奖，10 家企业获得提名奖。北京市积极组织企业参加全国质量标杆申报，北京汽车集团越野车有限公司实施的"质量管理体系持续改进模式"经验荣获"2020 年全国质量标杆"称号；鼓励企业申报中国质量协会质量技术奖，北京全路通信信号研究设计院集团有限公司、小米通讯技术有限公司等 8 家企业获得"2020 年度中国质量协会质量技术奖"。此外，支持北京质量协会依法依规开展质量提升小组活动，帮助企业质量持续改进。

3. 提升北京品牌影响力

北京市积极推动"中国品牌日"活动深入开展，2020 年组织用友

131

网络科技股份有限公司、北京谊安医疗系统股份有限公司、北京工美集团有限责任公司、贝壳找房（北京）科技有限公司等参建云上中国品牌日"京益求精"北京展馆，展示北京企业在高精尖产业发展以及抗击新冠肺炎疫情方面做出的突出贡献。加强优势企业品牌宣传，北京市积极组织行业龙头企业参加中国国际服务贸易交易会、北京国际科技产业博览会等重大展览展示活动，扩大品牌国际影响力。开展品牌培育管理体系行业标准宣贯工作，北京市组织召开品牌培育管理体系宣贯班作为全国质量月期间的质量活动之一，采取线上线下相结合的方式，近 200 名质量品牌建设相关政府工作人员和企业人员参加了培训。

（三）重点领域

医药健康产业是北京市重点发展的高精尖产业之一。北京市依托基础科研资源、临床医疗资源、医药人才资源等方面的优势，推动医药健康产业的质量和效益不断提升。2020 年，北京市生物医药制造业增加值增长 9.4%，较工业总体增速高出 7.1 个百分点，日渐成为北京经济新增长极[①]。产业政策方面，2020 年 11 月，北京市人民代表大会常务委员会发布《北京市中医药条例》，保障和促进中医药事业发展，促进健康北京建设。科技赋能方面，中关村科学城通过 AI 赋能创新药物、高端医疗设备、医疗服务领域，提升医疗器械和新药研发效率，提供云健康管理、远程会诊等健康服务新模式；北京市大数据中心与北京大学第三医院、清华大学软件学院开展战略合作，共同推进医药健康大数据发展。疫情防控方面，北京市医药健康企业累计生产口罩超过 10 亿只，日产量达到 1200 万只；以岭药业连花清瘟颗粒、聚协昌药业金花清感颗粒，以及三元基因和凯因生物的重组人干扰素被国家卫生健康委确定为防疫治疗药物，疫情暴发阶段每日提供近千件产品运往防疫一线；完成 4 批 940 台有创呼吸机国家调配任务，所有产品质量合格、未出现投诉情况，为人民群众高标准筑起防疫堡垒。

[①] 《疫苗创新药研发拔头筹！生物医药成北京经济新增长极》，北京日报客户端，2021 年 3 月 9 日。

第八章　北京市工业技术创新发展状况

第二节　创新中心发展案例：北京石墨烯产业创新中心

北京石墨烯产业创新中心以已经注册的北京石墨烯技术研究院为载体，实行公司制管理、市场化运作，产业发展上加快构建"北京主创新、京津冀主平台、全国大网络"的发展格局，打通石墨烯应用研究的技术链，融合产业链，培育围绕石墨烯应用技术的先导产业和支柱产业。

一、推动行业技术创新

石墨烯规模化制备中试方面，北京石墨烯技术研究院针对航空航天、电子信息、轨道交通等领域先进材料对高导热、高导电、大片径、高比表面积石墨烯粉体的需求，重点解决高品质石墨烯粉体规模化制备过程中剥离效果不可控、生产工艺不连续等关键共性技术问题。技术解决方案方面，创新中心通过石墨预处理插层提高层间距，高能机械剥离法实现石墨烯片层的剥离，并结合离心与过滤实现高品质石墨烯的提纯，利用高温处理实现石墨烯粉体品质的提升。关键技术装备方面，在石墨烯粉体制备中试线已有设备的基础上，提升生产线的洗涤过滤能力，重点新增高速剪切剥离设备、快速提纯设备和高效干燥设备等。

二、构建行业服务体系

北京石墨烯产业创新中心建设了北京先进碳材料产业促进会，为示范应用技术研发提供产品需求信息、技术验证条件和产业化服务；完善已开发技术的知识产权，为已落地技术提供服务和保障；建设种子企业创新孵化园区和种子企业孵化基金，孵化一批石墨烯高新技术企业，形成行业支撑能力；建设科普基地，重点开展科普交流和人才培养，为行业储备人才。

三、加强国际化交流与合作

北京石墨烯技术研究院有限公司与英国曼彻斯特大学正式签署合

133

作协议，成立海外石墨烯联合技术中心。北京石墨烯技术研究院有限公司将以该联合技术中心为抓手，进一步提升我国石墨烯创新技术研究的国际影响力，促进国内外科技合作交流，聚国际顶尖人才为我所用。同时，将联合技术中心作为培养国际化人才的重要平台，以有效提升我国在石墨烯领域的研究水平，助推石墨烯材料的创新发展。

第三节 工业质量发展案例：工业（建筑材料类）产品质量控制和技术评价 CTC 实验室

依托中国建材检验认证集团股份有限公司（以下简称"国检集团"）建立的工业（建筑材料类）产品质量控制和技术评价 CTC 实验室（以下简称"CTC 实验室"），是工业和信息化部授予的第一批工业产品质量控制和技术评价实验室之一，拥有检验检测、认证评价、安全服务、仪器研发、延伸服务五大业务平台。

一、科技创新，推动检验检测方法研究

CTC 实验室一直注重科技创新能力提升，近年来重点研发陶瓷涂层的高温弹性模量和超高温弹性模量的检测技术，陶瓷涂层密度、线膨胀系数和导热系数的三步法检测技术，陶瓷涂层界面结合强度测试技术等一系列检测技术，开展隔热涂层功能失效测试方法及环境适应性评价技术研究，研发环境舱测试用标准物质 3 套等。

二、标准引领，促进行业质量水平提升

CTC 实验室依托国检集团实施的"技术专利化、专利标准化、标准国际化"的技术创新发展战略，把国际标准制修订作为一个重要突破口，以国际标准化工作助推检验认证业务全球化发展。目前，国检集团共发布 10 项国际标准，包括 8 项 ISO 国际标准和 2 项 IEC 国际标准。其中，2020 年国检集团主导完成的国际标准 ISO 23458:2020《精细陶瓷（高性能陶瓷，高技术陶瓷）-CVD 陶瓷涂层热膨胀系数和残余应力试验方法》在 ISO 总部正式发布。同时，国检集团启动了建筑垃圾再生建材、

金属复合装饰材料等领域多项建材行业标准的制修订工作。

三、绿色发展，引导建材行业转型升级

国检集团是我国最早开展绿色建材认证评价技术研究的单位，促进绿色建材发展理念深入人心。近年来，国检集团承担了绿色建材国家级课题数十项，先后牵头编制绿色建材产品评价标准 30 余项，为构建国家绿色建材评价与认证体系发挥了重要作用。2021 年，国家认监委正式批准其"绿色建材产品"认证资质，认证范围涉及 30 余类建材产品。

第九章

广东省工业技术创新发展情况

2020 年，广东省深入实施创新驱动发展战略，全面实施质量强省战略，聚焦现代化产业体系，深化体制机制改革，大力提升科技创新能力与质量治理能力，扎实推进科技强省与质量强省建设。广东省出台实施《广东省推广第三批支持创新相关改革举措的工作方案》《关于印发 2020 年工业质量品牌建设工作计划的通知》《关于培育发展战略性支柱产业集群和战略性新兴产业集群的意见》等相关政策文件，针对"双十"战略性产业集群，全面加强产业创新体系建设，深入开展质量提升行动，助推产业链、创新链及质量链相互融合，提升科技创新水平与工业质量品牌水平，集中力量推进产业基础高级化和产业链现代化建设，大力推动制造业高质量发展。

第一节 发展回顾

2020 年，在新冠肺炎疫情暴发的背景下，广东省持续恢复工业生产，制造业保持了相对稳定的增长。从整体来看，广东省全年规模以上工业实现增加值 33616.10 亿元，同比增长 4.7%。从支柱行业来看，计算机、通信和其他电子设备制造业增加值增长 7.4%，电气机械和器材制造业增加值增长 8.8%，两大龙头行业合计对全省规模以上工业增长的贡献率达 60.1%。高端产业发展良好，全省先进制造业和高技术制造业增加值增速均高于全省平均水平，其中先进制造业增加值增长 3.4%，占规模以上工业的比重为 56.1%；高技术制造业增加值增长 1.1%，占规

模以上工业增加值的比重为 31.1%[①]。

一、技术创新发展情况

（一）总体情况

2020 年，广东省坚持创新驱动发展，深化技术创新体制机制改革，着力提升原始创新能力，大力推动关键核心技术攻关，强化企业创新引领地位，促进产业链协同创新，全面加快科技创新强省建设。《中国区域创新能力评价报告 2020》显示，广东省区域创新能力得分为 62.14，已连续四年排名全国第一[②]。

（二）主要做法

1. 营造良好创新环境

为营造良好创新环境，广东省多方面发力积极探索新路径。一是大力推进技术成果转化政策先行试点建设，加速探索技术成果转化相关制度改革路径。如《深圳建设中国特色社会主义先行示范区综合改革试点实施方案（2020—2025 年）》中强调，要加快完善技术成果转化相关制度。二是深化知识产权领域改革，强化知识产权保护力度。如广东省印发《关于强化知识产权保护的若干措施》，推进中新国际知识产权创新服务中心建设，开展"剑网 2020"等知识产权执法专项活动等。三是集聚高端创新人才，打造创新人才高地。如广东省贯彻落实《广东省人才发展条例》，深入开展"扬帆计划""广东特支计划""珠江人才计划"等重大人才项目，加速建设港澳青年创新创业基地等。

2. 强化技术创新源头支撑

为提升原始创新能力，广东省大力推进重大科技创新平台建设。一是打造世界一流重大科技基础设施群。广东省加快推进冷泉系统、南方光源等大科学装置前期建设，加速推进南海海底科学观测网、江门中微

---

① 广东省统计局：《2020 年广东宏观经济运行情况》，2021 年 1 月 16 日。

② 《〈中国区域创新能力评价报告 2020〉发布 广东区域创新能力连续四年全国居首》，南方日报网络版，2020 年 11 月 16 日。

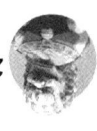

子实验站、东莞散裂中子源、惠州强流重离子加速器装置（HIAF）及加速器驱动嬗变研究装置（CiADS）等大科学装置中后期建设。二是大力建设国家重点实验室。广东省全力建设 10 家省级实验室，积极竞逐国家实验室，重点推进各省级实验室联合大科学装置协同发展，形成类似于东莞地区"松山湖材料实验室+中国散裂中子源"的发展模式，推动组合发挥协同集聚效应。三是加强省部院产学研合作。广东省着力推动中科院等科研机构在广东建设高端创新研究院，如东莞联合中科院共建松山湖科学城。

3. 加强关键核心技术攻关力度

为加快破解技术瓶颈难题，广东省高度重视关键核心技术攻坚。一是聚焦重点领域，集中力量办大事。广东省大力实施九大重点领域研发计划，稳步推进十大战略性支柱产业集群和十大战略性新兴产业集群建设，深入开展"广东强芯"活动，着力推动 5G、高端设备、工业软件等重点领域启动一批重大攻关项目，全面推行"揭榜挂帅"制等方式支持半导体材料、集成电路、工业软件、高端制造与检测设备等领域的关键核心技术攻关。二是对标全球重点科学中心和创新高地，打造广东技术创新成果策源地。广东省全面推进粤港澳大湾区国际科技创新中心、国家印刷及柔性显示创新中心等创新中心发展，加快建设光明科学城、松山湖科学城等综合性国家科学中心先行启动区，高标准打造广深港澳科技创新走廊。三是夯实企业技术创新主体地位，支持企业开展创新活动。广东省坚持以企业为创新主体，鼓励企业设立研发机构，持续开展高新技术企业树标提质行动，培育了大量具备自主知识产权的创新型企业，提升了产业链内企业整体的成长性与创新性。2020 年，广东省高新技术企业达 5.3 万家，主营业务收入 5 亿元以上的工业企业全部设立研发机构[1]。

---

[1] 广东省人民政府：《2021 年 1 月 24 日广东省省长马兴瑞在广东省第十三届人民代表大会第四次会议上作政府工作报告》，2021 年 1 月 28 日。

（三）重点领域

1. 新一代电子信息

新一代电子信息技术产业是广东省支柱产业之一。经过多年发展，广东省新一代电子信息产业已经形成相对完备的产业链，具备较高的技术创新水平和工业增长拉动能力，整体呈现总量规模庞大、企业数量众多、发展速度飞快的特点。广东省新一代电子信息产业主要布局在珠三角地区，整体上以通信设备制造、电子专用材料制造、电子器件和电子元件制造为主。根据广东省统计局数据，2020 年前三季度，广东省新一代电子信息产业的工业总产值和增加值分别占全省规模以上工业的29.1%和26.6%，是全省工业占比最大的行业[①]。

2020 年，广东省聚焦集成电路、高端装备、工业软件等重点领域，大力推进"广东强芯"行动，加速推动粤芯等重大项目投产，促进了产业链上下游协同发展，加快了国产芯片替代进口的步伐。2020 年是广东"中国芯"企业高速发展之年，广东省格兰仕集团建设"工业 4.0"基地，合作成立"中国芯"开源芯片生态合作联盟，正式量产第一块自主研发的开源芯片"细滘"，并加速推进对更高端芯片"狮山"的研发。2020 年是 5G 商用之年，华为协同各大运营商积极构筑以 5G 芯片、终端、通信设备为核心的 5G 生态链，在广东省建设了 5 万座 5G 基站，在电力、交通、制造等重点领域开展多个 5G 联合创新项目。2020 年 9 月，广东省印发《广东省发展新一代电子信息战略性支柱产业集群行动计划（2021—2025 年）》，以市场需求为导向，以突破关键核心技术为重要发力点，制定六大重点任务和六大重点工程，重点补齐产业链短板、提升产品价值链、拓宽产品创新链，目标是将广东省建设成为全球新一代通信设备、新型网络、手机及新型智能终端、半导体元器件、新一代信息技术创新应用产业集聚区。

2. 智能家电

广东省高度重视促进智能家电产业加速发展。广东省智能家电产业

[①] 广东省统计局:《广东新一代电子信息战略性支柱产业集群发展现状和对策研究》，2020 年 12 月 9 日。

主要集中在深圳、佛山、珠海等地，形成了以家用电力器具制造业为主的产业集群，产业整体规模和企业数量都飞速增长，发展了如美的、TCL、格力等多家国内外知名智能家电制造企业，各类产品如彩色电视机、空调、家用电冰箱等均在全国有强劲的竞争力。广东省统计局数据显示，2020 年前三季度，广东省智能家电产业实现增加值 1946.17 亿元，占全省规模以上工业的 8.5%，实现工业总产值 8900.24 亿元，占比为 8.7%[1]。

2020 年 11 月，广东省印发《广东省发展智能家电战略性支柱产业集群行动计划（2021—2025 年）》，针对创新能力、产业规模、产业布局、品牌质量、国际化水平五大方面，制定了五大重点任务和四大重点工程，重点解决创新要素集聚度不高、技术创新能力不足、核心技术水平低等问题，目标是到 2025 年，形成创新要素高度集聚、区域根植性强、网络化协同紧密、开放包容、生态体系完整、全球最具竞争力的智能家电产业集群[2]。

二、质量品牌发展情况

（一）总体情况

广东省全面开展质量提升行动，大力推动省内工业质量品牌建设。2020 年 5 月，广东省工业和信息化厅印发《关于印发 2020 年工业质量品牌建设工作计划的通知》，明确广东省全年工业质量品牌建设发展方向与措施。同年 9 月，广东省人民政府印发《关于加快推进质量强省建设的实施方案》，旨在全面实施质量强省战略，更深入开展质量提升行动。

---

[1] 广东省统计局:《广东智能家电战略性支柱产业集群发展现状和对策研究》，2020 年 12 月 22 日。

[2] 广东省工业和信息化厅等:《广东省发展智能家电战略性支柱产业集群行动计划（2021—2025 年）》，2021 年 11 月 6 日。

第九章　广东省工业技术创新发展情况

（二）主要做法

1. 强化质量品牌基础

2020 年，广东省从质量法规、质量监管、质量文化三大方面重点发力，大力推动全省质量品牌基础建设。质量法规方面，广东省实施《广东省标准化条例》《消费品召回管理暂行规定》等多项法规，加快完善质量相关法规体系，强化质量相关指引与保护。质量监管方面，广东省大力推动检验检测中心、产品质量监督检验研究院等专业质检机构建设，加速构建大数据智慧监管等现代化监管体系，重点开展 2020 年广东省成品油质量监督抽查、2020 年广东省鞋类产品质量监督抽查等专项行动，全面提升广东省质量监管力度。质量文化方面，广东省积极参与全国"质量月"、中国品牌日、中国进出口商品交易会等活动，全力举办广东品牌发展大会、2020 广东省制造业高质量发展论坛等会议，大力宣传"守信于品、重质于行"的广东质量精神，全面推广高质量高标准的广东品牌。

2. 从源头推动质量品牌建设

2020 年，广东省从企业、人才、产业三大角度出发，从源头全力推动质量品牌建设。企业方面，广东省开展"质量奖""质量标杆"等活动，促进企业加大技术升级力度，推动企业提升质量管理能力，全面提高产品质量水平，加速打造品牌影响力。在 2020 年"中国 500 最具价值品牌"排行榜中，广东省共入选 90 个品牌，总量排名全国第二[1]。人才方面，广东省大力推动"广东技工"工程建设，全面推进质量相关人才培训与实践基地建设，重点加强质量品牌与标准化相关培训力度，培育了大量质量品牌与标准化相关优秀人才。产业方面，广东省大力推进十大战略性支柱产业集群与十大战略性新兴产业集群建设，促进产业链与质量链高度融合，高标准推动质量强省建设，推动各战略性产业提质升级。

---

[1] 世界品牌实验室：《2020 年〈中国 500 最具价值品牌〉分析报告》，2020 年 8 月 5 日。

第二节　创新中心发展案例：广东省半导体智能装备和系统集成创新中心

广东省半导体智能装备和系统集成创新中心正式挂牌于 2018 年 12 月，实行"公司+联盟"的运作模式，汇聚广东工业大学、中科院微电子所、省部共建精密电子制造技术与装备国家重点实验室等优势资源，以广东佛智芯微电子技术研究有限公司作为承载单位，依托华进半导体、安捷利等 8 家行业龙头企业和高校、科研机构共同建设。

一、主要研究方向

创新中心致力于半导体芯片封装技术的研发，目标是打通产业链上下游，建设以国产装备、材料为核心的大板级扇出型封装示范线。现建有三大技术研发服务平台，分别为半导体封装材料研发与验证服务平台、板级扇出型三维异构封装技术服务平台、高精密检测技术研发服务平台（FA 实验室），可为芯片封装和可靠性检测提供成套解决方案。

二、成立板级扇出型封装创新联合体

2019 年 6 月 28 日，创新中心联合华为海思、迈矽科、汇芯通信、阿达智能装备、中电科、中科光纳、亚智科技等 10 余家上下游企业共同成立板级扇出型封装创新联合体，联合体的建立旨在通过组织国际会议、开展技术合作等方式，为行业提供技术交流平台，促进产业链融合互利发展。2020 年 3 月 18 日，板级扇出型封装创新联合体 2020 年度第一次会议成功举办，会议由广东佛智芯微电子技术研究有限公司、广东芯华微电子技术有限公司联合举办。

三、主要技术成果

创新中心重点面向半导体智能装备创新发展的重大需求进行技术研发与产品开发。技术研发方面，创新中心围绕半导体封装、检测装备及关键共性技术开展技术攻关，已攻克高速阵列式大板贴片设备、大板高精度 AOI 检测设备关键技术，已完成塑封、真空压合、重新布局布

第九章　广东省工业技术创新发展情况

线等大板级扇出型封装关键工艺研发，已掌握 3D 扩展 & 高散热扇出型封装工艺、SIP 整合扇出型封装工艺、毫米波芯片扇出型封装工艺等多项半导体扇出型封装工艺，目前已成功申请 30 余项国家发明专利。产品开发方面，创新中心已成功开发基于控制芯片 +MOS 整合扇出型封装技术的扇出型封装功率器件 MOSFET，下一步将重点开发基于毫米波芯片（整合天线）扇出型封装工艺技术的高频扇出芯片、基于 3D SIP 整合扇出型封装工艺技术的 NFC 芯片产品等。

第三节　工业质量发展案例：广州检验检测认证集团有限公司

广州检验检测认证集团有限公司（以下简称"广检集团"）成立于 2016 年 9 月 20 日，主要从事服装、食品、工程材料、节能环保、日用消费品等方面的质量检测，是集检测、认证、标准与技术服务为一体的综合性技术服务机构。

一、主要业务领域

广检集团主要在服装、食品、箱包、纺织品、鞋类产品和原辅材料等约 50 个检测领域开展质量检测服务，拥有国家加工食品质量监督检验中心（广州）、国家皮革制品质量监督检验中心（广州）、国家纺织品服装服饰产品质量监督检验中心（广州）三大国家级检测中心。广检集团的检验报告被美、英、日等 75 个国家和地区认可，其检验检测能力与技术服务水平在国内处于领先地位。

二、主要业务成果

基于纺织服装、鞋类箱包、工程质量监测等主营业务领域，广检集团运用先进专业的检测方法与器材，提供全面可靠的检验检测服务。纺织服装领域，广检集团为相关企业提供纺织品与服装检测服务，检验产品各项质量检验指标是否达标，助力生产高质量的纺织产品。鞋类箱包领域，广检集团参与制定了多项检验方法标准，如《皮革制品通用技术

143

规范》等。防护产品领域，广检集团参与制修订了如《日常防护型口罩技术规范》等国家标准与行业标准 20 余项。食品检测领域，广检集团参与制修订了如《食品中二氧化钛的测定》《原料乳与乳制品中三聚氰胺检测方法》等国家标准。轻工和化工检测领域，广检集团是童车、玩具类产品的国家强制性产品认证（CCC）指定实验室。工程质量检测领域，广检集团持续多年荣获中国建筑业协会的"建设工程质量检测 AAA 级信用机构"证书。环境检测领域，广检集团参加了如"国家泡沫行业HFC 监督项目"等环保科研项目，参与编制了如《城市建成区土壤环境监测技术规范》等广州市公共服务地方标准，还积极参与了如"矿山生态修复系列标准"等标准的制定工作。

第十章

江苏省工业技术创新发展状况

    2020 年，江苏省以习近平新时代中国特色社会主义思想为指导，深入贯彻落实新发展理念，奋力推动高质量发展，为开启全面建设社会主义现代化新征程奠定坚实基础。技术创新方面，江苏省将创新作为引领发展的第一动力，着力加强关键核心技术攻关，构建以企业为主导的新型技术创新体系，推动制造业智能化转型，推动重点产业"腾云驾数"，强化产业技术基础支撑服务效能，营造良好的产业技术创新环境。质量品牌方面，江苏省不断夯实标准与计量、认证认可、检验检测等质量品牌基础体系和能力建设，建设省市县梯度联动培育体系，加强质量品牌交流学习，举办"工业设计进千企"、江苏省质量品牌培育和技术创新体系建设培训班等质量品牌提升活动。

第一节 发展回顾

    2020 年，江苏省工业生产快速回升，先进制造业增势良好，全年规模以上工业增加值比上年增长 6.1%。高技术行业和装备制造业增加值分别比上年增长 10.3%、8.9%，增速分别高于全省规模以上工业 4.2 个、2.8 个百分点；战略性新兴产业产值占规模以上工业的比重达 37.8%，比上年提高 5.0 个百分点；高新技术产业产值占规模以上工业的比重达 46.5%，比上年提高 2.1 个百分点。从产品产量看，工业机器人、集成电路、新能源汽车、挖掘机产量分别增长 3.4%、22.1%、35.8%、43.2%。[①]

一、科技创新发展情况

（一）总体情况

近年来，江苏省深入实施创新驱动发展战略，创新支撑和引领发展的能力进一步增强，新产业、新业态、新模式发展势头强劲。2020 年，江苏省全社会研发投入占地区生产总值的比重达 2.82%，高新技术企业总数超过 3.2 万家，每万人发明专利拥有量为 36.1 件，科技进步贡献率达 65%。苏南国家自主创新示范区建设取得明显成效，未来网络、高效低碳燃气轮机、纳米真空互联实验站等国家重大科技基础设施建设加快推进，国家重点实验室、国家级孵化器数量居全国前列。加强人工智能、大数据、物联网、区块链、车联网等技术创新与产业应用，成为首批人民银行数字人民币试点，数字经济规模超过 4 万亿元。[②]

（二）主要做法

1. 构建创新型产业体系

一是加快推进制造业创新中心建设。围绕新一代信息技术、生物医药、高端装备、新能源汽车、新材料等战略性新兴产业，江苏省加强以企业为主体的创新载体建设，围绕重点先进制造业集群培育 28 家、试点 9 家制造业创新中心，并分别于 2019 年、2020 年获批国家先进功能纤维创新中心、国家集成电路特色工艺及封装测试创新中心 2 家国家级制造业创新中心。

二是加强企业技术创新平台建设。江苏省积极引导企业加大研发投入，着力提升企业技术中心创新能力。2020 年，江苏省认定省级企业技术中心 438 家，新增国家企业技术中心 7 家，累计建设国家企业技术中心 127 家，总数位居全国前列。

[①] 江苏省统计局：《2020 年江苏经济运行情况分析》，2021 年 1 月 29 日。
[②] 江苏省人民政府：《2021 年江苏省政府工作报告》，2021 年 1 月 26 日。

2. 推动制造业智能化转型

一是推动重点产业"腾云驾数"转型升级计划。江苏省实施 2020 年"腾云驾数"转型升级计划，面向全省征集了一批利用"数智云网链"等技术转型升级成效突出的企业、产品和融合创新发展案例，并最终评选出 70 家优秀企业、88 个优秀产品和 41 项优秀融合创新发展案例。

二是开展工业互联网标杆工厂与省工业互联网发展示范企业评选。江苏省贯彻国家《加快推进新一代信息技术与制造业融合发展的指导意见》，落实《加快推进工业互联网创新发展三年行动计划（2021—2023年）》，推进工业互联网建设和应用，促进工业经济高质量发展，开展省工业互联网标杆工厂与省工业互联网发展示范企业评选，培育打造一批具有国内领先水平的数字化转型示范标杆。

3. 强化高质量人才建设

江苏省实施"育鹰计划"，以多层次企业家培养为牵引，旨在打造专业化高管团队，促进企业快速发展，建立汇聚优良产业资源、优秀教育资源、优异创新资源、优质金融资本的开放性、融合性、紧密性的软件和信息服务业人才发展生态体系，其课程涵盖工业软件、人工智能、工业互联网、大数据等内容。自 2011 年实施以来，"育鹰计划"已培训"育鹰企业家"近 3000 人，对江苏省内近百家重点软件企业高管团队进行了培训。

（三）重点领域

1. 大数据产业

江苏省深入落实《江苏省工业大数据发展实施意见》，加快推动江苏省工业大数据发展，同时，继续实施"腾云驾数"转型升级计划。截至 2020 年底，江苏省共评选出优秀企业 232 家、优秀产品 282 个、优秀融合创新发展案例 137 项，推动江苏省企业充分利用"数智云网链"等新技术、新模式、新应用实现转型升级。下一步，江苏省将打造大数据+卓越产业链，实施"数动未来"专项行动，推进数据要素市场化配置。

2. 超高清视频产业

2020 年，江苏省印发《江苏省超高清视频产业发展行动计划》，明

确指出推动以超高清视频技术为核心的行业创新应用,加快发展超高清视频产业。该行动计划指出,到 2020 年底,形成超高分辨率图像传感器、显示驱动芯片、4K 超高清机顶盒、基于金属氧化物的 8K 超高清显示面板及电视机产业化能力,培育行业优势产品。建设 4K 超高清内容专区,发展符合 4K 分辨率的超高清视频收视用户终端达 2000 万户。到 2022 年底,江苏省将突破 4K/8K 编解码芯片等新一代显示技术并实现产业化,打造一批超高清视频知名企业和品牌,推动文化娱乐、安防监控、医疗健康、智慧交通、智能制造等领域的超高清视频新业务新应用发展。

二、质量品牌发展情况

(一)总体情况

江苏省相继出台了《关于加快质量发展的意见》《江苏省质量提升行动实施方案》《关于加强质量认证体系建设促进全面质量管理的意见》等系列文件,全面部署实施品牌战略,着力培育一批国内外知名品牌,积极打造"江苏精品"综合区域品牌。

(二)主要做法

1. 推进质量基础设施建设

江苏省高度重视技术基础公共服务平台培育,保障产业创新发展和质量品牌提升,完善重点产业技术基础体系,优化资源配置。积极推进质量基础设施建设,加强标准、计量、认证认可、专利、检验检测等体系和能力建设,促进品牌建设、标准提升、质量升级。2020 年,江苏省电子信息产品质量监督检验研究院(江苏省信息安全测评中心)被工业和信息化部评为第三批产业技术基础公共服务平台(部省共建)。

2. 建设省市县梯度联动培育体系

江苏省以专精特新"小巨人"企业为标杆,鼓励中小企业专注细分产品创新、产品质量提升和品牌培育,不断提升企业专业化能力水平,提升核心竞争力。近年来,江苏省积极引导中小企业走专精特新发展道路,专注细分领域,加强精耕细作,取得良好成效。2020 年,江苏省新增单项冠军企业（产品）和国家专精特新"小巨人"企业总数位居全国前列，累计培育制造业单项冠军企业（产品）104 个，国家专精特新"小巨人"企业 113 家，省专精特新"小巨人"企业 1374 家，省专精特新培育库企业超 5000 家，初步建成省市县梯度联动培育体系。

3. 加强质量品牌交流互动

一是打造"工业设计进千企"活动。由江苏省工业和信息化厅主办的 2020 年"工业设计进千企"活动，旨在落实《江苏省工业设计高质量发展三年行动计划（2019—2021 年）》，积极推进工业设计与制造业融合发展，积极搭建政企桥梁，开展交流学习、政策咨询、问题诊断、对接服务等，为制造企业提供工业设计个性化解决方案。

二是举办江苏省质量品牌培育和技术创新体系建设培训班。培训班课程针对企业技术研发、成果保护、品牌培育等关键环节，设置涵盖基础技术文件及标准、知识产权的保护与发展、质量标杆提炼方法及案例分享等方面的内容。全省质量奖获奖企业、质量标杆企业、制造业创新中心、国家和省级企业技术中心、国家技术创新示范企业代表共 100 余人参加培训。

（三）重点领域

1. 蚕桑丝绸产业

2020 年 9 月，江苏省印发《蚕桑丝绸产业高质量发展行动计划（2021—2025 年）》，明确指出实施增品种、提品质、创品牌"三品"专项行动。一是推动资源综合利用，丰富产品种类。培育骨干企业，开发新原料、新产品。二是提高产品质量，打造丝绸精品。加强蚕桑丝绸质量监测，优化升级茧丝产品质量等级标准。三是提升创意设计水平，培育丝绸品牌。支持地方和企业创建国家级工业设计中心、纺织服装创意设计园区（平台）等。

2. 新能源汽车产业

江苏省高度重视新能源汽车产业发展。一是重点培育具有较强产业带动力的新能源乘用车整车龙头企业。在电池材料、充电装备、车联网等细分行业，重点培育隐形冠军。二是加强品牌培育和标准制定，扩大重点企业品牌影响力。实施标准领航工程，提高新能源汽车产业国际、国内标准话语权。

第二节 创新中心发展案例：江苏省原创化学药创新中心

医药高端制剂与绿色制药是国家制造业创新中心建设的重点领域。由恒瑞医药公司牵头成立的江苏省原创化学药创新中心，获批首批江苏省制造业创新中心试点，对于加快培育江苏省先进制造业集群、完善医药产业生态体系建设具有重要意义。2019年，"医药高端制剂与绿色制药创新联盟"成立，成为创新中心建设的关键一步，目前，联盟已吸纳中国药科大学、石药控股、绿叶制药等30家单位作为联盟成员，其中企业23家，高校及科研院所7家。

一、技术创新推动核心技术突破

创新中心充分发挥中心作用，推动医药高端制剂与绿色制药领域的关键技术研究。创新中心建成无定型固体分散、纳米晶体筛选和表征平台，承接创新药的开发过程工作，解决了部分药物口服制剂的关键技术问题；同时承接晶型抢仿工作，完成改良制剂的早期开发和稳定性研究。

二、平台聚集效应显现

自挂牌以来，创新中心建设了高端制剂技术平台、中试研究技术平台、质量控制与大型仪器设备共享技术平台、实训基地及临床试验技术平台等多个促进医药技术研发的平台。联盟的成立有利于整合江苏省内外医药企业、高校、科研院所和医院等相关创新资源，聚集效应凸显。

三、成果转化和企业孵化成果初显

创新中心加快新药研发技术的转移和成果转化，已经实现技术服务合同收入4000余万元，为联盟乃至全国医药行业在高端制剂与绿色制药方向上的转型升级提供技术支撑和服务保障。

第十章 江苏省工业技术创新发展状况

第三节 工业质量发展案例：江苏省电子信息产品质量监督检验研究院

工业和信息化部发布第三批产业技术基础公共服务平台（部省共建）名单，江苏省电子信息产品质量监督检验研究院（江苏省信息安全测评中心）入列。江苏省电子信息产品质量监督检验研究院隶属江苏省经济和信息化委员会，属于非营利性科研事业单位，是法定质量检验机构、中国合格评定国家认可委员会（CNAS）认可的检测与校准实验室及 A 类检查机构。研究院以独立公正、规范准确、优质高效为质量方针，诚信、科学、服务、价值为经营理念。

一、平台硬件实力雄厚

研究院拥有国内外先进的测量仪器和试验设备、充裕的检验检测场地和各类配套资源，致力打造具备权威性、基础性、公益性、前瞻性的技术基础公共服务平台。可进行音视频设备和信息技术设备强制性产品认证（CCC）、零部件和强制性目录以外产品的 CQC 标志认证、CSC 节能产品认证、无线电设备发射特性核准、电子信息产品有毒有害物质检测和认证、计算机信息系统集成资质认证、计算机网络与系统信息安全测评，以及各种电子电器产品 CE 认证等国际认证业务。

二、构建专业检测团队

作为电子信息产品科研检测公共技术服务平台，江苏省电子信息产品质量监督检验研究院(江苏省信息安全测评中心)拥有一支训练有素、经验丰富、业务精通的专业科研检测队伍，团队现有检测人员 100 余人，全面助力江苏省工业信息安全保障工作，提升电子信息产业创新发展和质量检验水平。

151

第十一章

云南省工业技术创新发展状况

2020 年，云南省深入贯彻落实省委、省政府决策部署，围绕工业高质量跨越式发展要求，突出"两型三化"产业发展方向，加快打造"绿色能源牌""绿色食品牌""健康生活目的地牌"三张牌，聚焦生物医药和大健康产业、旅游文化产业、信息产业、物流产业、高原特色现代农业产业、新材料产业、先进装备制造业、食品与消费品制造业八大重点产业，扎实推进工业技术创新的各项工作。在技术创新方面，云南省加强全省技术进步政策规划指导，实施新一轮技术改造升级、智能制造、创新驱动发展等重大工程，大力提升科技对工业的支撑能力，促进工业高质量发展。在质量品牌方面，云南省深入贯彻"质量强省"战略，大力实施质量品牌提升专项行动，有效地增强了工业产品质量和企业品牌影响力。

第一节 发展回顾

云南省工业规模整体上处于稳步回升态势，重点行业对工业经济发展的支撑作用进一步凸显。2020 年，云南省规模以上工业增加值较上年增长 2.4%。从三大门类看，采矿业增加值增长 0.8%，制造业增加值增长 1.6%，电力、热力、燃气及水生产和供应业增加值增长 5.5%；从重要行业看，有色金属冶炼和压延加工业增加值增长 11.5%，黑色金属冶炼和压延加工业增加值增长 11.8%，烟草制品业增加值增长 0.8%，计算机、通信和其他电子设备制造业发展势头较好，增加值同比增长

43.1%。同时，在电子产业的带动下，规模以上高技术制造业增加值增长 18.8%，高于全国规模以上工业 16.4 个百分点，拉动全省规模以上工业增加值增长 1.1 个百分点，成为云南省工业经济增长的新动能[①]。

一、技术创新发展情况

（一）总体情况

2020 年，云南省深入实施创新驱动发展战略，大力推进创新型云南建设。着力推进企业、科研院所和高校创新资源整合共享，进一步加大研发投入，不断推动重大创新技术和产品应用。云南省财政科技经费投入逐年增加，2020 年增速居全国第 4，全社会研究与试验发展经费投入总量提升到第 19 位。每万名就业人员中研发人员达到 19.12 人/年，相较于 2016 年增长 46%。

（二）主要做法

1. 不断完善产业科技创新体系

一是加快制造业创新中心建设。2020 年，云南省围绕先进装备、新材料、生物医药等重点领域，确定云南省尾气环保后处理制造业创新中心等 4 家单位，列入云南省制造业创新中心第一批创建名单；确定云南省稀贵金属功能材料制造业创新中心等 5 家单位，列入云南省制造业创新中心第一批培育名单。云南省制造业创新中心按照既定方案和目标，组织攻克了一批行业共性关键技术，转化推广了一批先进适用技术和标准，积累储备了一批产业技术知识产权，培养造就了一批技术创新领军人才[②]。

二是大力提升企业创新能力。截止到 2020 年底，云南省共有创新型企业 279 家，创新型（试点）企业 139 家，高新技术企业 1670 家、科技型中小企业 8386 家，新认定省级企业技术中心 30 家、全国专精特

[①] 云南省网上新闻发布厅：2021 年云南省两会新闻发布会·经济社会发展主题新闻发布会，2021 年 1 月 27 日。

[②]《云南省积极推进制造业创新平台建设》，《云南时报》，2021 年 3 月 29 日。

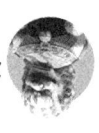

新"小巨人"企业27家。云南省企业自主创新保持良好势头，以企业为主体、市场为导向、政产学研用相结合的技术创新体系持续完善。

2. 加快培育现代产业体系

一是大力推行技术改造。每年组织实施"3个100"工业转型升级重点项目计划（新开工、续建、竣工投产各100个）。截止到2020年，云南省累计组织实施了超过1200个重点项目，累计完成年度投资超过1000亿元。此外，云南省以技术改造为重要抓手，在各类重点技改项目计划中列入一大批"三张牌"产业项目，强力推动"三张牌"产业加快发展，加速形成新的经济增长点。

二是实施智能制造工程。云南省组织实施"三化"（数字化、网络化、智能化）改造试点示范项目，重点在烟草、医药、化工、装备等行业加快新一代信息技术与工业、先进制造业的深度融合，推动全省产业迈向中高端。2020年，云南省工业和信息化厅发布《关于组织实施2020年工业互联网"三化"改造试点示范项目的通知》，确定试点示范项目40个，总投资36.1亿元。

3. 着力推进科技成果转化

一是建设科技成果转移转化服务体系。2020年，云南省建设国家技术转移人才培养基地1个、国家技术转移示范机构7家、省技术转移示范机构12家、县域科技成果转化中心123个，省市县三级科技成果转移转化服务体系基本建成。

二是实施科技入滇对接活动。云南省已实现"科技成果、科研平台、科技型企业和科技人才"四个落地，累计签约项目2500余项；引进408位院士专家团队人才，突破杂交水稻、柠檬产业等重点领域关键核心技术435项，开发新产品338个；开展沪滇科技合作项目264项，带动社会资金4.51亿元，产生经济效益14.61亿元。

（三）重点领域

1. 新材料

云南省高度重视新材料产业发展，着力构建政府推动、龙头企业引领、市场化运作的集群发展模式。2020年7月，云南省委、省政府印发实施《关于加快构建现代化产业体系的决定》，将新材料产业作为八

个千亿级产业之一进行重点培育。目前，云南省新材料产业已经取得了可观的成绩。云铜科技成功研制出纯度为 99.999% 的高纯硒，云铜压铸取得 AS 9100 D 航空管理体系证书。金鼎锌业低品位氧硫混合矿中试项目初步打通工艺流程，4000 万吨堆存难处理矿有望实现资源化利用。锡、铟新材料研发不断取得突破，高纯铟制备技术进入中试阶段，ITO 粉体材料研发进程加快。半导体新材料加快发展步伐，与华为形成合作，加快半绝缘砷化镓和磷化铟单晶及晶片产业化规模和速度，碳化硅、氮化镓等第三代半导体研发取得阶段性成果。此外，云南省还启动云南省实验室建设，推进铝工业、硅工业、新能源电池材料等研发平台建设。

2. 生物医药

云南高度重视生物医药产业的发展，先后出台了《推进中药饮片产业发展若干意见》《生物医药和大健康产业发展规划》《生物医药产业施工图》等政策措施，并取得了一系列显著成效。2020 年，云南省研发出全国首个、全球第 2 个十三价肺炎疫苗和二价脊灰减毒疫苗等 3 种疫苗，并获批上市。在提升生物医药产业的技术创新能力方面，云南省具体做了以下两方面的工作：一是支持建设生物疫苗产业技术创新平台、现代中药和化学仿制药研发平台，启动生物资源数字化集成中心、生物制品批签发检验机构、干细胞制备和检测中心等公共服务平台的建设；二是支持联合疫苗、基因工程疫苗、抗体药物研发和产业化，以及疫苗国际化注册和 WHO 预认证，支持具有资质的干细胞临床试验机构，开展干细胞治疗重大疾病临床试验和转化应用研究。

二、质量品牌发展情况

（一）总体情况

2020 年，云南省深入贯彻落实工业质量品牌提升专项行动，进一步提升云南省制造业产品和服务质量水平。按照云南省委、省政府《关于开展质量提升行动的实施意见》，2020 年云南省工业和信息化厅组织实施了 20 个工业质量提升重点项目，总投资 6.6 亿元。截至 2020 年底，累计完成投资 3.3 亿元，投资完成率 50%，有 4 个项目已建成并开始发

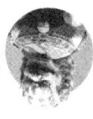

挥效益,其余项目均按计划稳步推进[1]。云南省制造业产品质量合格率为 91.43%,位居西南地区前列。

(二)主要做法

1. 推进质量标杆示范

云南省积极组织开展"质量标杆"活动。2020 年,云南省选定云南驰宏锌锗股份有限公司实施"模范工厂"质量管理模式的经验、云南烟叶复烤有限责任公司麒麟复烤厂面向客户的远程协同质量管理系统实践经验等 8 项典型经验作为 2020 年云南省的"质量标杆",其先进的质量管理方法为云南省其他企业做了良好的示范,对企业提升产品实物质量具有推动作用。

2. 组织质量提升专项行动

云南省实施质量提升专项行动,指导企业建立先进质量管理制度,推进工业产品质量诚信体系和标准化体系建设。围绕检验检测、标准化、知识产权、评价平台等质量工作的多个领域,累计组织实施了 20 项工业质量提升重点项目,引导全省工业企业加大质量投入,提高产品质量。

3. 推动质量品牌提升平台建设

云南省采用"软平台+硬平台"的方式,打造质量品牌提升平台。硬平台建设方面,推动工业产品质量控制和技术评价实验室的评选工作。2020 年,云南省省级工业产品质量控制和技术评价实验室累计已达 75 家,其中 1 家通过国家核定。软平台建设方面,深入贯彻落实市场监管总局、宣传部等 16 个部委联合印发的《关于开展 2020 年全国"质量月"活动的通知》(国市监质〔2020〕133 号),在 2020 年 9 月开展主题为"建设质量强国,决胜全面小康"的"质量月"活动。通过线上和线下相结合的方式,开展"质量开放日""质量管理体系升级行动""计量服务中小企业行"等活动,促进企业之间在质量品牌提升方面的经验交流。

---

[1]《2020 年全省工业质量品牌提升重点项目成效明显》,云南省工业和信息化厅网站,2021 年 1 月 15 日。

（三）重点领域

云南省高度重视生物医药行业的质量品牌建设工作，并取得了显著的成效。一是提升企业创新能力。例如，昆明积大制药股份有限公司开展的仿制药和原研药一致性评价研究在质量及疗效方面均取得突破，全面提升了仿制药质量水平，保障了所开发仿制药的有效性和安全性。二是助力企业加大品牌宣传力度。例如，支持云南三七科技药业有限公司同北京卫视经典养生栏目《养生堂》进行合作，开展高端品牌形象宣传，通过硬广投放、标板展示、专场活动、品牌体验等系列活动，进一步提升了"云三七"的品牌形象和知名度。三是实施质量提升建设项目。例如，云南博浩生物科技公司高品质万寿菊叶黄素产品质量提升建设项目全面建成投产，2020 年实现销售收入 3.8 亿元，出口创汇 3300 万美元，上缴税收 2500 万元，实现利润 1.02 亿元，取得了良好的经济效益。

第二节　创新中心发展案例：稀贵金属功能材料创新中心

稀贵金属功能材料创新中心以昆明贵研新材料科技有限公司（原昆明贵金属研究所）为牵头单位，联合西北有色金属研究院、有研工程技术研究院有限公司、昆明云内动力股份有限公司、贵研铂业股份有限公司、贵研资源（易门）有限公司、昆明贵研催化剂有限责任公司、贵研检测科技（云南）有限公司 7 家企业共同成立。

一、构建五大创新平台

稀贵金属功能材料创新中心构建了先进技术创新平台、科技成果转化平台、公共服务平台、人才引进培养平台和产业化示范平台五大平台；建成了从基础研究到关键技术攻关、产业化验证，再到产业化、商品化的完整稀贵金属科技创新链条；打通了从基础研究、成果转移扩散到产业化的链条核心关键环节，解决了部分关键核心技术缺乏问题。

二、打造高水平人才队伍

稀贵金属功能材料创新中心的人才队伍包括技术专家委员会、管理和科研团队。其中，技术专家委员会主要由学术界/企业界的各领域院士、长江学者、杰青等权威专家组成，其中主任委员1名，副主任委员3~5名，委员若干名；管理和科研团队以目前成员单位的各领域专家、技术带头人、创新团队为基本架构，在此基础上引进院士、长江学者、杰青等高层次人才及其团队，建成纳米材料、表面材料、材料、循环利用、合金材料四个科研团队。

三、构建灵活的创新体制机制

一是建设中央研发平台。中央研发平台负责创新中心各领域科技创新顶层设计及各创新平台统筹整合，包括项目管理、资源整合、人才团队统筹管理、知识产权管理等。二是在团队建设模式上，采用"固定+柔性"组合，固定研发团队、辅助研发人员及管理团队组成稀贵金属功能材料创新中心的基本构架，柔性团队是根据研发需要组建的联合研发团队，人员根据需要确定。三是在知识产权管理和成果转化上，相关知识产权及成果归创新中心所有，建立成果转化收益共享机制，成果转化收益50%归团队所有，另外50%作为创新中心发展基金，用于后续研发工作。

第三节 工业质量发展案例：工业贵金属及再生贵金属产品质量控制和技术评价实验室

工业贵金属及再生贵金属产品质量控制和技术评价实验室，依托贵研铂业股份有限公司于2013年获批建立。

一、不断扩展检测业务和服务行业范围

实验室检测业务的来源广泛，覆盖了全国各地的大小企业，绝大部分贵金属样品由各地邮寄而来。实验室核心业务板块除了常规的有色金属样品检测，还有大量高纯贵金属、贵金属合金、贵金属化合物、贵金

属废料、贵金属催化剂、含贵金属矿物以及水质等样品的检测等。实验室所服务的行业囊括了有色金属新材料、有色金属冶炼、汽车、二次资源回收利用电子材料、石油化工、煤化工、精细化工、制药、国防工业、环保产业、氯碱化工、有机硅及民用航空等行业。

二、参与国家、行业有色金属标准的制修订工作

近年来，实验室积极参加行业协会主办的学术研讨交流会，与行业内的同仁交流互通，为行业发展建言献策。此外，还积极申请承担和参与国家标准及行业标准制定的系列任务。截至 2020 年，实验室完成已发布的国家、行业有色金属标准 3 项，完成待发布的国家标准 11 项。

三、为企业提供全过程质量诊断分析和改进服务

实验室不断提升监测、诊断分析等服务能力，为多家企业提供服务。例如，为江苏中铭新型材料有限公司购买的贵金属二次资源物料提供物料检测、实验室间比对等服务，促进了企业的发展，提升了国内贵金属二次资源回收利用行业的竞争力；为惠州市永卓科技有限公司提供卡斯特催化剂分析服务，并制定合适的检测方法，为产品交易的双方提供了公正科学的检测结果。

四、为贵金属全产业链企业提供检测服务

实验室长期为企业提供分析检测服务，服务对象涵盖了贵金属原料加工、贵金属化合物生产、贵金属产品和二次资源回收整个产业链各环节企业。例如，在贵金属原料加工方面，实验室长期为昆明贵研催化剂有限公司提供原材料质量检测、把控和评价服务，对企业购进的原材料的纯度、牌号进行判定把关，为后续生产提供最前端的保障；在贵金属化合物生产方面，实验室常年为巴斯夫股份公司、上海拓思化学有限公司提供贵金属化合物方面的多项检测服务，在原材料购进、生产、产品品质控制、贸易等多个环节中为客户提供更完善的保障。

豊業班

第十二章

2020 年中国工业技术创新发展政策环境分析

创新作为引领经济发展的第一动力,是建设现代化经济体系的战略支撑。2020 年初,新冠肺炎疫情在全球范围内的大规模暴发严重阻碍了全球经济的发展,百年未有之大变局进入加速演变期。为了更好地应对世界经济增速放缓,主要发达国家纷纷出台国家级创新战略,争相布局人工智能、量子通信等新兴技术领域,旨在通过推动工业技术创新尽快使各行业复工复产并支撑引领经济发展。

第一节 国际环境分析

一、世界经济竞争不断加剧,围绕科技创新的竞争已成为经济竞争新焦点

当前,世界竞争格局发生众多变化,科技创新已经成为各国国力竞争的关键。美国、德国、日本、韩国等世界主要国家在信息技术、人工智能、区块链、网络安全、高端装备制造、新能源、新材料和新能源汽车等重点领域不断加强战略部署,利用科技创新进一步刺激产业增长,提高国家竞争力。

美国于 2020 年提出《无尽前沿法案》(*Endless Frontier Act*),提出改组国家科学基金会为国家科学和技术基金会,建议在该机构内设立技术局;在未来 5 年投入 1000 亿美元推进人工智能与机器学习、量子计

算和信息系统、先进通信等十大关键科学技术的研发；建议投入 100 亿美元建设至少 10 个区域技术中心。

德国在 2020 年相继发布《国家生物经济战略》和《国家氢战略》，修订了《人工智能战略》。在应对新冠肺炎疫情的经济复苏计划中，规划了约 500 亿欧元的科研创新和卫生资金投入，将科研发展的重点落在数字化与技术主权、医药研究和气候保护科技等领域。其中，《国家生物经济战略》计划投入 36 亿欧元，发展基于可再生能源的可持续经济形式。为了提高公众的认识，特别将"生物经济"作为德国 2020 科学年的主题。《国家氢战略》计划投资 90 亿欧元，希望利用氢这一未来清洁燃料，将气候保护提高到一个新水平，并把德国建设成为"全球领先的现代氢技术供应商"。新修订的《人工智能战略》把对 AI 的资助从 30 亿欧元增加到 50 亿欧元，充分考虑了近两年的形势变化以及新冠肺炎疫情等带来的现实需求，并希望在 AI 等未来技术领域增强技术主权。

日本提出"登月型研发制度"（Moonshot），并为该制度明确了 6 项目标，计划在 2050 年以前实现。一是通过 AI 与机器人技术的共同进步，研发出可以自主学习、行动并与人类共生的机器人。计划开发与人类具有相同或更高身体能力，并与人类共同成长的 AI 机器人。二是开发能在自然科学领域自主思考和行动、自动发现科学原理和解决方案的 AI 机器人；通过开发拥有人类感性和伦理观、能与人类共同成长的伙伴 AI 机器人，实现人类的富裕生活。三是实现疾病的超早期预测和预防。四是针对地球环境实现可持续的资源循环。五是通过充分利用尚未开发的生物功能，在全球范围内开创合理、无浪费的可持续粮食供应产业。六是研发能带动经济、产业和安保飞跃发展的容错型通用量子计算机等。

韩国于 2020 年初发布年度科技工作计划，提出三大重点战略。一是强化科技发展基础架构。计划完成全国不同科研体系的全面整合，消除部门壁垒，引导研发信息共享和跨部门合作，加强科研人才、资金流动模式的创新等。二是实施人工智能领先战略。加强相关人才培养和知识普及，推动数据和数字平台的升级和开放，以及个人信息保护、新一代智能半导体、AI 应用和 AI 伦理等技术和标准的开发。三是发展数字媒体产业。通过最大限度地完善和放松监管，推动内容创新和内容出口，

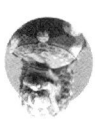

构建内容、平台和网络之间良性循环的产业生态系统。

二、新一轮科技革命全面深化，科技创新与产业变革更加交织互促

当前世界经济进入新旧动能转换期，新一轮科技和产业革命正由导入期转向拓展期，世界范围内的颠覆性技术不断涌现，新产业、新业态和新模式蓬勃发展，世界产业格局不断转变，国际产业竞争日趋激烈。

新科技产业革命是一场主要基于多重技术交叉融合的科技产业革命。现阶段，信息技术已经与生物技术、新材料技术等交叉融合发展，人工智能、5G 通信、工业互联网等新兴技术实现了多点革命性的突破。随着信息技术、人工智能技术的深度发展及其与生物、材料等多学科、多技术的相互渗透、交叉融合、群体突破，代表先进生产力发展方向的一批颠覆性技术正引领和带动新科技产业革命奔向高潮。新一轮科技产业革命加剧转变期间，其也引领和带动了全世界范围内的价值链革命。互联网、物联网、机器人技术、人工智能、3D打印、新型材料等的多点突破和融合互动正在推动新产业、新业态、新模式的兴起，促使全球价值链出现分解、融合和创新，高度影响到全球价值链的国际分工。

现阶段，全球各国都在争夺价值链分工的主动权，发达国家在积极推进"再工业化"，发展中国家也在大力研发智能科技和下一代互联网技术。全球价值链的调整使国际传统产业分工产生变化，新兴经济体正在努力打破被限定在价值链低端环节的困境，力争成为全球产业链不可替代的一部分，世界竞争格局转变正在不断加剧。

科技创新与产业革命更加交织互促，产业在创新中的作用显著提升，从科学发现到产业化落地的周期在持续缩短，"科技—产业"交互迭代效应正在加速形成，已开始由"科技创新"迈向"产业科技创新"。集成电路、传感器、智能网联汽车、光电子信息、智能电网等新兴产业蓬勃发展，技术更新和成果转化更加快捷，持续创造新市场和新机遇，给社会经济带来根本性、全局性影响。

第二节 国内环境分析

一、我国经济转向高质量发展阶段，创新成为现代化建设全局中的核心

我国经济已由高速增长阶段转向高质量发展阶段，制造业的高质量发展关系到经济高质量发展的全局，转变发展方式、优化经济结构、转换增长动力的要求愈加迫切，需要依靠产业科技创新为经济发展注入新动力。随着工业化的快速推进，我国制造业规模不断扩大，已成为名副其实的世界工厂和世界制造业第一大国。但目前，我国制造业主要还是集中在产业链中低端，迫切需要依靠创新驱动来实现转型升级，通过技术创新、产业创新来推动产业链向中高端迈进。例如，我国集成电路和智能传感器市场占全球市场份额的将近60%，但其中100%的DRAM（动态随机存取存储器）、99%的 CPU、97%的射频转换器、93%的 MEMS（微机电系统）传感器都需要从美国、英国、日本、韩国等国进口。

我国社会发展面临巩固全面小康、应对人口老龄化、维护社会安全、保障人民健康等多方面任务，需要依靠产业科技创新实现经济社会协调发展。同时，我国国民收入稳步增加，市场需求加速释放，产业体系更加完备，对外开放持续扩大，体制活力显著增强，教育水平和人力资本素质持续提升，经济具有持续向好发展的巨大潜力，这些环境和趋势为产业科技创新的加速突破提供了坚实基础。我们必须发挥好科学技术对产业升级的催化赋能作用，通过实施产业科技创新，有效破解"两张皮"问题，实现科技与产业的并行演进、融合创新，从而实现产业发展动力的根本性变革，真正依靠创新引领和驱动制造业高质量发展。

二、新技术、新业态、新模式持续涌现，数字经济创新发展机遇与挑战并存

现阶段，我国大力投入传统产业结构升级，推动从要素驱动转向创新驱动，推动产业链再造和价值链提升，推进数字经济稳健发展。近年来，我国高度重视以云计算、大数据、边缘计算、人工智能、数字孪生

等为代表的数字技术研发，为数字经济新业态、新模式提供了关键驱动力。此外，新冠肺炎疫情暴发初期，全民居家带来的生存压力空前，倒逼人们借助数字技术将各类社会关系迁移到线上的数字空间，促进了数字化发展，加速了全社会的数字化进程。

但是，我国经济目前正处在转变发展方式、优化经济结构、转换增长动力的攻关期，现阶段缺乏信息技术创新基础，产业发展亟须注入新动力。我国现在还处于对国外商业模式创新的模仿阶段，主要的创新形式是互联网商业模式的创新，依赖市场规模效应来实现快速成长，虽然规模上有很大的扩张，但主要依靠电商互联网和基础设施发力，不能保证后期的持续增长，在核心技术方面还存在很大欠缺，新业态、新模式需要重点解决缺乏核心技术的难题。此外，新冠肺炎疫情的暴发也给数字经济新业态、新模式带来了难题。一是疫情前中期大量企业停工停产，疫情后期各类物资的供应无法满足客户的需求。二是现阶段疫情还未完全过去，民众整体消费意愿不高，各类消费渠道受限，例如，旅游景点因疫情封闭，部分食品因疫情无法购买，相关企业因疫情倒闭或关闭大量门店等，数字经济振兴受到阻碍。三是疫情在各地时有突发，数字经济所依赖的基础设施建设受到阻碍。

三、创新生态体系建设不断完善，工业技术创新进程全面提速

随着科技创新上升为国家战略，创新生态的重要性也越发凸显。我国"十四五"规划要求，坚持创新驱动发展，坚持创新在我国现代化建设全局中的核心地位，把科技自立自强作为国家发展的战略支撑。要加快完善国家科技创新治理体系，整合优化科技资源配置，建设重大科技创新平台，建立健全科学评价体系与激励机制，完善技术创新市场导向机制，完善企业创新服务体系，深化人才发展体制机制改革，构建各类创新主体协同互动、创新要素顺畅流动、创新资源高效配置的良好创新生态。

构建良好的创新生态能够从多方面发力加快推进产业科技创新进程。创新主体方面，良好的创新生态能够促进各类创新要素向企业集聚，激发企业家的创新意识，激励企业加大研发投入，推动产业共

性基础技术的研发，强化企业作为技术创新主体的地位，充分发挥企业在技术创新决策、研发投入、科研组织和成果转化应用等方面的主体作用。创新源头方面，良好的创新生态能够以科学合理的科研布局推动基础学科与应用科学的协调发展，以完善健全的科学评价体系与激励机制激发研发人员的创新潜力，以国家战略需求为导向高效集约解决重大科学问题，全面提升基础研究能力，大幅度提高原创性引领性科技攻关能力。

第三节　制度体制条件

一、加快深化科技管理体制改革，优化国家创新资源配置

《中共中央关于制定国民经济和社会发展第十四个五年规划和二〇三五年远景目标的建议》明确提出，深入推进科技体制改革，完善国家科技治理体系，优化国家科技规划体系和运行机制，推动重点领域项目、基地、人才、资金一体化配置。改进科技项目组织管理方式，实行"揭榜挂帅"等制度。完善科技评价机制，优化科技奖励项目。加快科研院所改革，扩大科研自主权。加强知识产权保护，大幅提高科技成果转移转化成效。加大研发投入，健全政府投入为主、社会多渠道投入机制，加大对基础前沿研究支持。完善金融支持创新体系，促进新技术产业化规模化应用。弘扬科学精神和工匠精神，加强科普工作，营造崇尚创新的社会氛围。健全科技伦理体系。促进科技开放合作，研究设立面向全球的科学研究基金。

《中华人民共和国国民经济和社会发展第十四个五年规划和 2035年远景目标纲要》对"十四五"时期科技管理体制改革做出了总体部署，要求加快科技管理职能转变，强化规划政策引导和创新环境营造，减少分钱分物定项目等直接干预。整合财政科研投入体制，重点投向战略性关键性领域，改变部门分割、小而散的状态。改革重大科技项目立项和组织管理方式，给予科研单位和科研人员更多自主权，推行技术总师负责制，实行"揭榜挂帅""赛马"等制度，健全奖补结合的资金支持机制。健全科技评价机制，完善自由探索型和任务导向型科技项目分类评

价制度,建立非共识科技项目的评价机制,优化科技奖励项目。建立健全科研机构现代院所制度,支持科研事业单位试行更灵活的编制、岗位、薪酬等管理制度。建立健全高等院校、科研机构、企业间创新资源自由有序流动机制。深入推进全面创新改革试验。

二、完善技术创新市场导向机制,强化企业创新主体地位

《中华人民共和国国民经济和社会发展第十四个五年规划和 2035 年远景目标纲要》对"十四五"时期企业创新能力提升做出了总体部署,要求促进各类创新要素向企业集聚,形成以企业为主体、市场为导向、产学研用深度融合的技术创新体系。

一是激励企业加大研发投入。实施更大力度的研发费用加计扣除、高新技术企业税收优惠等普惠性政策。拓展优化首台(套)重大技术装备保险补偿和激励政策,发挥重大工程牵引示范作用,运用政府采购政策支持创新产品和服务。通过完善标准、质量和竞争规制等措施,增强企业创新动力。健全鼓励国有企业研发的考核制度,设立独立核算、免于增值保值考核、容错纠错的研发准备金制度,确保中央国有工业企业研发支出年增长率明显超过全国平均水平。完善激励科技型中小企业创新的税收优惠政策。

二是支持产业共性基础技术研发。集中力量整合提升一批关键共性技术平台,支持行业龙头企业联合高等院校、科研院所和行业上下游企业共建国家产业创新中心,承担国家重大科技项目。支持有条件企业联合转制科研院所组建行业研究院,提供公益性共性技术服务。打造新型共性技术平台,解决跨行业跨领域关键共性技术问题。发挥大企业引领支撑作用,支持创新型中小微企业成长为创新重要发源地,推动产业链上中下游、大中小企业融通创新。鼓励有条件地方依托产业集群创办混合所有制产业技术研究院,服务区域关键共性技术研发。

三是完善企业创新服务体系。推动国家科研平台、科技报告、科研数据进一步向企业开放,创新科技成果转化机制,鼓励将符合条件的由财政资金支持形成的科技成果许可给中小企业使用。推进创新创业机构改革,建设专业化市场化技术转移机构和技术经理人队伍。完善金融支持创新体系,鼓励金融机构发展知识产权质押融资、科技保险等科技金

融产品，开展科技成果转化贷款风险补偿试点。畅通科技型企业国内上市融资渠道，增强科创板"硬科技"特色，提升创业板服务成长型创新创业企业功能，鼓励发展天使投资、创业投资，更好发挥创业投资引导基金和私募股权基金作用。

三、提升产业链供应链现代化水平，提高经济质量效益和核心竞争力

《中华人民共和国国民经济和社会发展第十四个五年规划和2035年远景目标纲要》对"十四五"时期提升产业链供应链现代化水平做出了总体部署，要求保持制造业比重基本稳定，巩固壮大实体经济根基。坚持自主可控、安全高效，分行业做好供应链战略设计和精准施策，推动全产业链优化升级。锻造产业链供应链长板，立足我国产业规模优势、配套优势和部分领域先发优势，打造新兴产业链，推动传统产业高端化、智能化、绿色化，发展服务型制造。完善国家质量基础设施，加强标准、计量、专利等体系和能力建设，深入开展质量提升行动。促进产业在国内有序转移，优化区域产业链布局，支持老工业基地转型发展。补齐产业链供应链短板，实施产业基础再造工程，加大重要产品和关键核心技术攻关力度，发展先进适用技术，推动产业链供应链多元化。优化产业链供应链发展环境，强化要素支撑。加强国际产业安全合作，形成具有更强创新力、更高附加值、更安全可靠的产业链供应链。

四、优化完善创新人才激励机制，激发科研人员创新原动力

《中共中央关于制定国民经济和社会发展第十四个五年规划和二〇三五年远景目标的建议》明确提出，激发人才创新活力。贯彻尊重劳动、尊重知识、尊重人才、尊重创造方针，深化人才发展体制机制改革，全方位培养、引进、用好人才，造就更多国际一流的科技领军人才和创新团队，培养具有国际竞争力的青年科技人才后备军。健全以创新能力、质量、实效、贡献为导向的科技人才评价体系。加强学风建设，坚守学

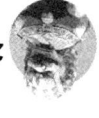

术诚信。深化院士制度改革。健全创新激励和保障机制，构建充分体现知识、技术等创新要素价值的收益分配机制，完善科研人员职务发明成果权益分享机制。加强创新型、应用型、技能型人才培养，实施知识更新工程、技能提升行动，壮大高水平工程师和高技能人才队伍。支持发展高水平研究型大学，加强基础研究人才培养。实行更加开放的人才政策，构筑集聚国内外优秀人才的科研创新高地。

《中华人民共和国国民经济和社会发展第十四个五年规划和 2035 年远景目标纲要》对"十四五"时期深化人才发展体制机制改革做出了总体部署，要求完善人才评价和激励机制，健全以创新能力、质量、实效、贡献为导向的科技人才评价体系，构建充分体现知识、技术等创新要素价值的收益分配机制。选好用好领军人才和拔尖人才，赋予更大技术路线决定权和经费使用权。全方位为科研人员松绑，拓展科研管理"绿色通道"。实行以增加知识价值为导向的分配政策，完善科研人员职务发明成果权益分享机制，探索赋予科研人员职务科技成果所有权或长期使用权，提高科研人员收益分享比例。深化院士制度改革。

2020 年中国工业技术创新发展重点政策解读

为提升科技创新在制造业高质量发展中的引领作用，2020 年，我国围绕科技创新体系出台了一系列的政策措施。在创新主体方面，充分发挥企业在技术创新中的主体作用，加强对中小企业技术创新的政策支持，促进企业创新要素集成与科技成果转化。在创新支撑方面，大力推进电信和互联网行业数据安全等标准体系建设，完善知识产权体系建设，为创新活动的开展提供有力保障。在创新环境方面，坚持对外开放，营造良好的技术创新环境，激发企业创新活力。在创新机制方面，深化"放管服"改革，加速破解体制机制障碍，形成创新驱动发展的新局面。

第一节　主要政策分析

我国坚持创新在现代化建设全局中的核心地位，并将创新驱动发展作为面向未来的重大战略实施。截至 2020 年 12 月，国务院、工业和信息化部、科技部等部门陆续发布了《工业数据分类分级指南（试行）》《关于推动 5G 加快发展的通知》《关于推动工业互联网加快发展的通知》《关于推进国家技术创新中心建设的总体方案（暂行）》《中小企业数字化赋能专项行动方案》《关于推进快递业与制造业深度融合发展的意见》《有色金属行业智能工厂（矿山）建设指南（试行）》《关于工业大数据发展的指导意见》《新能源汽车产业发展规划（2021—2035 年）》《电信和互联网行业数据安全标准体系建设指南》等一系列创新政策（见

表 13-1），主要聚焦于工业发展标准体系建设、中小企业数字赋能、行业高质量发展、创新载体建设、营商环境优化、科技创新金融措施改革、知识产权保护等多方面，旨在进一步夯实我国创新基础，提升自主创新能力。

表 13-1　2020 年我国重点技术创新政策

时　间	颁 发 部 门	政 策 名 称
2020 年 2 月	工业和信息化部办公厅	《工业数据分类分级指南（试行）》
2020 年 3 月	工业和信息化部	《关于推动 5G 加快发展的通知》
2020 年 3 月	工业和信息化部办公厅	《关于推动工业互联网加快发展的通知》
2020 年 3 月	科技部	《关于推进国家技术创新中心建设的总体方案（暂行）》
2020 年 4 月	工业和信息化部办公厅	《中小企业数字化赋能专项行动方案》
2020 年 4 月	工业和信息化部、国家邮政局	《关于推进快递业与制造业深度融合发展的意见》
2020 年 5 月	工业和信息化部、国家发展改革委、自然资源部	《有色金属行业智能工厂（矿山）建设指南（试行）》
2020 年 5 月	工业和信息化部	《关于工业大数据发展的指导意见》
2020 年 6 月	工业和信息化部	《工业互联网专项工作组 2020 年工作计划》
2020 年 7 月	国务院	《关于促进国家高新技术产业开发区高质量发展的若干意见》
2020 年 7 月	工业和信息化部、国家发展改革委、教育部、科技部、财政部、国家知识产权局等 15 部门	《关于进一步促进服务型制造发展的指导意见》
2020 年 8 月	国务院	《新时期促进集成电路产业和软件产业高质量发展的若干政策》
2020 年 8 月	工业和信息化部	《工业通信业行业标准制定管理办法》
2020 年 9 月	工业和信息化部办公厅	《建材工业智能制造数字转型行动计划（2021—2023 年）》
2020 年 11 月	国务院办公厅	《新能源汽车产业发展规划（2021—2035 年）》
2020 年 12 月	工业和信息化部办公厅	《电信和互联网行业数据安全标准体系建设指南》

续表

时 间	颁 发 部 门	政 策 名 称
2020 年 12 月	工业和信息化部	《工业互联网创新发展行动计划（2021—2023 年）》
2020 年 12 月	工业和信息化部、科技部、生态环境部	《国家鼓励发展的重大环保技术装备目录（2020 年版）》

数据来源：赛迪智库整理，2021.3。

一、《关于推动 5G 加快发展的通知》

为加快推动我国 5G 网络发展，工业和信息化部发布《关于推动 5G 加快发展的通知》（以下简称《通知》）。《通知》指出，全力推进 5G 网络建设、应用推广、技术发展和安全保障，充分发挥 5G 新型基础设施的规模效应和带动作用，支撑经济社会高质量发展。《通知》强调，聚焦"网络、应用、技术、安全"四个重点环节，以网络建设为基础，以赋能行业为方向，以技术创新为主线，以信息安全为保障，系统推进，充分发挥 5G 的规模效应与带动作用，积极构建基于"5G+"的新经济形态。具体而言，一是加大支持力度，打造新型基础设施；二是深化融合应用，构建繁荣生态体系；三是加强技术研发，健全产业创新体系；四是强化能力建设，建立安全保障体系。

二、《关于推动工业互联网加快发展的通知》

为推动工业互联网加快发展和工业互联网融合创新，壮大经济发展新动能，支撑制造业高质量发展，2020 年 3 月，工业和信息化部办公厅印发《关于推动工业互联网加快发展的通知》（以下简称《通知》）。《通知》提出，加快新型基础设施建设、加快拓展融合创新应用、加快建全安全保障体系、加快壮大创新发展动能、加快完善产业生态布局和加大政策支持力度等 6 个方面 20 项措施。具体而言，在新型基础设施建设方面，围绕升级内外网络、增强完善标识体系、提升平台核心能力、建设大数据中心展开，引领 5G 技术在垂直行业的融合创新，提升工业互联网基础设施和数据资源管理能力。在拓展融合创新应用方面，积极利用工业互联网促进复工复产，深化工业互联网行业应用，促进企业上

173

云上平台，同时加快工业互联网试点示范推广普及，遴选 100 个左右工业互联网试点示范项目。在健全安全保障体系方面，建立企业分级安全管理制度、完善安全技术监测体系、健全安全工作机制，以及加强安全技术产品创新，形成重点企业清单，实施差异化管理，指导网络安全公共服务平台为中小企业提供优质高效的安全服务。在壮大创新发展动能方面，加快创新发展工程建设，深入实施"5G+工业互联网"512 工程并总结形成可持续、可复制、可推广的创新模式和发展路径，通过打造一批工业互联网技术公共服务平台，增强关键技术产品供给能力。在完善产业生态布局方面，促进区域协同发展、增强产业集群能力、高水平组织产业活动，持续推进长三角工业互联网一体化发展示范区建设，培育具有区域优势的工业互联网产业集群。

三、《中小企业数字化赋能专项行动方案》

为统筹推进新冠肺炎疫情防控和经济社会发展，有效落实国家关于支持中小企业发展的部署决策，2020 年 4 月，工业和信息化部办公厅发布《中小企业数字化赋能专项行动方案》（以下简称《专项行动》）。《专项行动》强调，坚持统筹推进新冠肺炎疫情防控和经济社会发展，提升中小企业应对危机能力、夯实可持续发展基础。具体而言，集聚一批面向中小企业的数字化服务商，培育推广一批符合中小企业需求的数字化平台、系统解决方案、产品和服务，助推中小企业通过数字化、网络化、智能化赋能实现复工复产。同时，《专项行动》提出夯实数字化平台功能、提升智能制造水平、加强数据资源共享和开发利用等 13 项重点任务与强化组织保障、完善激励机制等 4 项实现中小企业数字化赋能的推进措施。

四、《关于工业大数据发展的指导意见》

近年来，我国工业企业对于跨企业、跨行业数据共享合作的需求正在快速增加。为解决工业大数据领域数据权属界定不清、规则不明、难以定价等基础性问题，2020 年 5 月，工业和信息化部印发《关于工业大数据发展的指导意见》（以下简称《指导意见》）。《指导意见》指出，

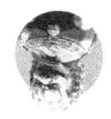

第十三章 2020年中国工业技术创新发展重点政策解读

促进工业数据汇聚共享、融合创新，提升数据治理能力，加强数据安全管理，着力打造资源富集、应用繁荣、产业进步、治理有序的工业大数据生态体系。《指导意见》围绕加快数据汇聚、推动数据共享、深化数据应用、完善数据治理、强化数据安全、促进产业发展、加强组织保障等7个方面提出21条具体指导意见。

五、《关于促进国家高新技术产业开发区高质量发展的若干意见》

近年来，国家高新技术产业开发区已经成为我国实施创新驱动发展战略的重要载体，在优化产业结构、转变发展方式、增强国际竞争力等多方面发挥了重要作用。国务院于2020年7月发布《关于促进国家高新技术产业开发区高质量发展的若干意见》（以下简称《若干意见》）。《若干意见》指出，一是着力提升自主创新能力，大力集聚高端创新资源，吸引培育一流创新人才，加强关键核心技术创新和成果转移转化。二是进一步激发企业创新发展活力，支持高新技术企业发展壮大，积极培育科技型中小企业，加强对科技创新创业的服务支持。三是推进产业迈向中高端，大力培育发展新兴产业，做大做强特色主导产业。四是加大开放创新力度，推动区域协同发展，打造区域创新增长极，融入全球创新体系。五是营造高质量发展环境，深化管理体制机制改革，优化营商环境，加强金融服务，优化土地资源配置，建设绿色生态园区。六是加强分类指导和组织管理，加强组织领导，强化动态管理。

六、《关于进一步促进服务型制造发展的指导意见》

为贯彻落实国家关于发展服务型制造的决策部署，推动先进制造业和现代服务业深度融合，推动制造业高质量发展，2020年7月，工业和信息化部、国家发展改革委、教育部、科技部、财政部、人力资源社会保障部、自然资源部、生态环境部、商务部、人民银行、市场监管总局、国家统计局、银保监会、证监会、国家知识产权局等15部门联合发布《关于进一步促进服务型制造发展的指导意见》（以下简称《指导意见》）。《指导意见》提出，积极利用工业互联网等新一代信息技术赋能

175

新制造、催生新服务，加快培育发展服务型制造新业态新模式，促进制造业提质增效和转型升级，有力支撑制造强国建设。《指导意见》提出了 2022 年与 2025 年两个阶段目标，并围绕推动服务型制造创新发展，重点提出了发展工业设计服务、定制化服务、供应链管理、共享制造、检验检测认证服务、全生命周期管理、总集成总承包、节能环保服务、生产性金融服务等创新模式，涉及制造业各个环节的服务创新，也涵盖了跨环节、跨领域的综合集成服务。同时，《指导意见》提出夯实筑牢发展基础、营造良好发展环境，积极鼓励企业结合自身禀赋和竞争优势，提升信息技术应用能力，持续推动服务型制造创新发展。

七、《新时期促进集成电路产业和软件产业高质量发展的若干政策》

为进一步优化集成电路产业和软件产业发展环境，提升产业创新能力，深化产业国际合作，推动我国集成电路和软件产业高质量可持续发展，2020 年 8 月，国务院印发《新时期促进集成电路产业和软件产业高质量发展的若干政策》(以下简称《若干政策》)。《若干政策》强调了集成电路产业和软件产业作为信息产业的核心地位，提出制定出台财税、投融资、研究开发、进出口、人才、知识产权、市场应用、国际合作八个方面政策措施。《若干政策》还指出，在中国境内设立的集成电路企业和软件企业，不分所有制性质，均可按规定享受相关政策。鼓励和倡导集成电路产业和软件产业全球合作，积极为各类市场主体在华投资兴业营造市场化、法治化、国际化的营商环境。同时，《若干政策》强调，各部门、各地方要尽快制定具体配套政策，加快政策落地，确保取得实效，推动我国集成电路产业和软件产业实现高质量发展。

八、《工业通信业行业标准制定管理办法》

标准化工作是我国实现工业转型升级、转变发展方式的重要基础，也是我国促进产业发展壮大、提高产业核心竞争力的重要抓手。近年来，我国高度重视标准化工作，不断完善行业标准管理体系和运行机制。

第十三章　2020 年中国工业技术创新发展重点政策解读

2020 年 8 月，工业和信息化部发布《工业通信业行业标准制定管理办法》（以下简称《办法》）。《办法》中，一是明确了《办法》适用范围和职责分工，《办法》适用于工业通信业行业标准的立项、起草、技术审查、批准、发布、复审等制定活动；二是确定了行业标准制定原则和重点，重点围绕重要产品、工程技术、服务和行业管理制定行业标准；三是规定了标准立项程序；四是细化了标准起草和技术审查要求；五是完善了批准和发布要求，对行业标准报批稿设定了两层审查；六是规范了复审和修订程序。

九、《新能源汽车产业发展规划（2021—2035 年）》

为深入实施发展新能源汽车国家战略，突破关键核心技术，实现融合创新，提升产业基础能力，构建新型产业生态，完善基础设施体系，优化产业发展环境，推动我国新能源汽车产业高质量发展，国务院办公厅印发《新能源汽车产业发展规划（2021—2035 年）》（以下简称《规划》）。《规划》指出提高新能源汽车产业技术创新能力，深化布局动力电池与管理系统、驱动电机与电力电子、网联化与智能化技术等研发方向，构建关键零部件技术供给体系，强化整车集成技术创新，提升产业基础能力。《规划》部署了五项战略任务：一是提高技术创新能力。坚持整车和零部件并重，强化整车集成技术创新，提升动力电池、新一代车用电机等关键零部件的产业基础能力。二是构建新型产业生态。以生态主导型企业为龙头，加快车用操作系统开发应用，建设动力电池高效循环利用体系，强化质量安全保障，推动形成互融共生、分工合作、利益共享的新型产业生态。三是推动产业融合发展。推动新能源汽车与能源、交通、信息通信全面深度融合，促进能源消费结构优化、交通体系和城市智能化水平提升。四是完善基础设施体系。加快推动充换电、加氢等基础设施建设，提升互联互通水平，鼓励商业模式创新，营造良好使用环境。五是深化开放合作。践行开放融通、互利共赢的合作观，深化研发设计、贸易投资、技术标准等领域的交流合作，积极参与国际竞争，不断提高国际竞争能力。

177

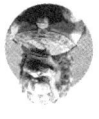

十、《工业互联网创新发展行动计划（2021—2023年）》

为深入实施工业互联网创新发展战略，推动工业化和信息化在更广范围、更深程度、更高水平上融合发展，加快建设制造强国和网络强国，2020年12月，工业和信息化部发布《工业互联网创新发展行动计划（2021—2023年）》（以下简称《计划》）。《计划》提出了网络体系强基行动、标识解析增强行动、平台体系壮大行动、数据汇聚赋能行动、新型模式培育行动、融通应用深化行动、关键标准建设行动、技术能力提升行动、产业协同发展行动、安全保障强化行动、开放合作深化行动等11项重点任务及44项行动内容。《计划》还提出，到2023年，工业互联网新型基础设施建设量质并进，新模式、新业态大范围推广，产业综合实力显著提高，实现新型基础设施、融合应用成效、技术创新能力、产业发展生态、安全保障能力的进一步完善。

第二节　主要特点分析

一、加强战略新兴产业部署，推动关键核心技术创新与成果转化

新一代信息技术产业是信息产业的核心，是引领新一轮科技革命和产业变革的关键力量。2020年，国家陆续出台了《关于推动5G加快发展的通知》《新时期促进集成电路产业和软件产业高质量发展的若干政策》《关于促进国家高新技术产业开发区高质量发展的若干意见》等政策措施，对新一代信息技术产业进行战略部署。工业和信息化部《关于推动5G加快发展的通知》指出，全力推进5G网络建设、应用推广、技术发展和安全保障，充分发挥5G新型基础设施的规模效应和带动作用，支撑经济社会高质量发展。《新时期促进集成电路产业和软件产业高质量发展的若干政策》强调，聚焦高端芯片、集成电路装备和工艺技术、集成电路关键材料、集成电路设计工具、基础软件、工业软件、应用软件的关键核心技术研发，不断探索构建社会主义市场经济条件下关键核心技术攻关新型举国体制。同时，结合行业特点，在先进存储、先进制造、先进计算、关键装备材料、高端封装测试、新一代半导体技术

等领域,推动各类创新平台建设。《关于促进国家高新技术产业开发区高质量发展的若干意见》指出,集聚高端创新资源,培育吸引一流创新人才,加强关键核心技术创新与成果转移转化,着力提升自主创新能力。

二、完善知识产权管理制度,强化关键技术知识产权保护

创新是引领发展的第一动力,保护知识产权就是保护创新。为进一步加强知识产权保护,党中央、国务院进行了多项相关决策部署,各部门陆续发布了《新时期促进集成电路产业和软件产业高质量发展的若干政策》《关于促进国家高新技术产业开发区高质量发展的若干意见》《工业互联网创新发展行动计划(2021—2023年)》等政策措施。2020年,国务院印发的《新时期促进集成电路产业和软件产业高质量发展的若干政策》明确指出,鼓励企业进行集成电路布图设计专有权、软件著作权登记,大力发展集成电路和软件相关知识产权服务,严格落实集成电路和软件知识产权保护制度,加大知识产权侵权违法行为惩治力度,同时,探索建立软件正版化工作长效机制。同年,国务院印发的《关于促进国家高新技术产业开发区高质量发展的若干意见》指出,加强对科技创新创业的服务支持,发展研究开发、检验检测认证、技术转移、知识产权、创业孵化、科技咨询等科技服务机构,提升专业化服务能力。随后,工业和信息化部发布的《工业互联网创新发展行动计划(2021—2023年)》指出,加快基础共性、关键技术、典型应用等产业亟须标准研制;强化工业互联网知识产权保护和运用,推广实施《专利导航指南》系列国家标准,提升行业知识产权服务能力,推动工业互联网知识产权量质提升。

三、深化科技创新金融体系建设,助力创新驱动稳步发展

我国高度重视科技金融体系建设,为工业技术的长足发展夯实了金融环境基础,助力创新驱动稳步发展。2020年,国务院印发了《关于促进国家高新技术产业开发区高质量发展的若干意见》和《新时期促进集成电路产业和软件产业高质量发展的若干政策》等政策措施,在科技创新载体和集成电路等产业的科技金融体系建设上进行了重要部署。

《关于促进国家高新技术产业开发区高质量发展的若干意见》提出，加强金融服务，鼓励商业银行在国家高新区设立科技支行，支持金融机构在国家高新区开展知识产权投融资服务，引导创业投资、私募股权、并购基金等社会资本支持高成长企业发展，鼓励金融机构创新投贷联动模式等多项举措。《新时期促进集成电路产业和软件产业高质量发展的若干政策》指出，充分利用国家和地方现有的政府投资基金支持集成电路产业和软件产业发展，鼓励社会资本按照市场化原则，多渠道筹资，设立投资基金，提高基金市场化水平。具体而言，支持企业通过知识产权质押融资、股权质押融资、应收账款质押融资、供应链金融、科技及知识产权保险等手段获得商业贷款。鼓励商业性金融机构进一步改善金融服务，加大对集成电路产业和软件产业的中长期贷款支持力度。大力支持符合条件的集成电路企业和软件企业在境内外上市融资。拓宽企业融资渠道，支持企业通过中长期债券等方式从债券市场筹集资金。

四、加强行业标准体系建设，促进行业质量整体提升

为加强行业标准引领，促进行业质量整体提升。2020 年，政府出台了一系列行业标准体系建设指南。《工业通信业行业标准制定管理办法》《电信和互联网行业数据安全标准体系建设指南》分别从工业通信行业标准制定管理与电信和互联网行业数据安全标准体系建设两方面提出了整体框架和主要内容，完善了行业标准管理体系和运行机制，充分发挥了标准在行业建设中的引领作用。在标准管理方面，发布《工业通信业行业标准制定管理办法》，明确了其适用范围和职责分工，确定了工业通信业行业标准制定原则和重点，规定了标准立项程序，细化了标准起草和技术审查要求，完善了批准和发布要求，规范了复审和修订程序。在行业标准体系建设方面，发布《电信和互联网行业数据安全标准体系建设指南》，明确指出，标准化工作是保障数据安全的重要基础，电信和互联网行业数据安全标准体系主要包括基础共性、关键技术、安全管理和重点领域等标准，下一步将持续完善标准体系，加快急需标准研制，推动标准应用实施，加强国际交流合作。《电信和互联网行业数据安全标准体系建设指南》还提出，到 2021 年，研制数据安全行业标准 20 项以上，初步建立电信和互联网行业数据安全标准体系，有效落

实数据安全管理要求，基本满足行业数据安全保护需要，推动标准在重点领域中的应用；到 2023 年，研制数据安全行业标准 50 项以上，健全完善电信和互联网行业数据安全标准体系，标准的技术水平、应用效果和国际化程度显著提高，有力支撑行业数据安全保护能力提升。

五、发挥数字技术赋能引领作用，推动产业高质量发展

2020 年，我国高度重视推动产业数字化、智能化转型升级，陆续出台了《关于推动工业互联网加快发展的通知》《中小企业数字化赋能专项行动方案》《有色金属行业智能工厂（矿山）建设指南（试行）》《关于工业大数据发展的指导意见》《工业互联网专项工作组 2020 年工作计划》《建材工业智能制造数字转型行动计划（2021—2023 年）》等政策措施，分别从工业互联网、中小企业数字化赋能、有色金属行业智能工厂建设、建材工业智能制造数字转型等方面，大力推进产业数字化、网络化、智能化发展，充分发挥信息技术在制造业和服务业中的赋能引领作用，助力产业能级提升，推动产业高质量发展。

六、贯彻新发展理念，推动绿色产业技术创新

为贯彻创新、协调、绿色、开放、共享的新发展理念，推动绿色产业技术创新，助力实现我国碳中和的远景目标，国家出台了《国家鼓励发展的重大环保技术装备目录（2020 年版）》《新能源汽车产业发展规划（2021—2035 年）》等政策措施。《国家鼓励发展的重大环保技术装备目录（2020 年版）》旨在加快先进环保装备研发和应用推广，提升环保装备制造业整体水平和供给质量。目录分为开发类、应用类及推广类，涵盖大气污染防治、土壤污染修复、水污染防治、固体废物处理、环境监测专用仪器仪表、环境污染应急处理、环境污染防治设备专用零部件等领域。《新能源汽车产业发展规划（2021—2035 年）》指出，构建智能绿色物流运输体系，提升新能源汽车产业技术创新能力，攻关纯电动汽车底盘一体化设计、多能源动力系统集成技术，突破整车智能能量管理控制、轻量化、低摩阻等共性节能技术。

七、推进创新载体建设，支撑现代化经济体系构建

为深入实施创新驱动发展战略，有力支撑和保障现代化经济体系建设，国家陆续出台《关于推进国家技术创新中心建设的总体方案》《关于促进国家高新技术产业开发区高质量发展的若干意见》等创新载体建设相关政策措施。在国家技术创新中心建设方面，科技部发布的《关于推进国家技术创新中心建设的总体方案》提出，到 2025 年，布局建设若干国家技术创新中心，突破制约我国产业安全的关键技术瓶颈，培育壮大一批具有核心创新能力的一流企业，催生若干以技术创新为引领、经济附加值高、带动作用强的重要产业，形成若干具有广泛辐射带动作用的区域创新高地，为构建现代化产业体系、实现高质量发展、加快建设创新型国家与世界科技强国提供强有力支撑。在国家高新技术产业开发区建设方面，国务院发布的《关于促进国家高新技术产业开发区高质量发展的若干意见》提出，到 2025 年，国家高新区布局更加优化，自主创新能力明显增强，体制机制持续创新，创新创业环境明显改善，高新技术产业体系基本形成，建立高新技术成果产出、转化和产业化机制，攻克一批支撑产业和区域发展的关键核心技术，形成一批自主可控、国际领先的产品，涌现一批具有国际竞争力的创新型企业和产业集群，建成若干具有世界影响力的高科技园区和一批创新型特色园区；到 2035 年，建成一大批具有全球影响力的高科技园区，主要产业进入全球价值链中高端，实现园区治理体系和治理能力现代化。

魔喜道

第十四章

2021年中国工业行业技术创新发展形势展望

新一轮科技革命与产业变革正在加速演进，全球范围内各国都在大力推动工业技术创新，加紧布局战略性产业，全面提升自身国际竞争力，致力于在日益激烈的国际竞争中掌握话语权。展望2021年，提出三点建议：一是强化顶层设计，加快完善我国科技创新体制机制，提升原始创新能力，促进产学研协同创新；二是聚焦重点领域，加强核心技术攻关，大力建设新型研发机构，强化企业创新主体地位；三是优化技术创新环境，完善政策支撑体系，加强知识产权保护，培养高端创新人才。

第一节　形势判断

一、世界各国高度重视工业科技创新的前沿布局

2020年，在新冠肺炎疫情大规模暴发与新一轮科技革命深入演进的叠加影响下，世界正经历百年未有之大变局，各国高度重视对工业科技创新的前沿布局，致力于通过科技创新在全球竞争中赢得话语权。美国政府提出《无尽前沿法案》，推动美国科技创新体制与机构进行革新，明确了先进通信、人工智能、机器人等重点领域的研发方向，加大对制造业创新中心、区域技术中心等科研机构的投入，加速推进美国工业科技创新的发展，致力巩固美国在科技创新方面的领导地位。日本建立"登

月型研发制度",聚焦人工智能与机器人领域,构建了科学细致的研究框架,指明了未来相关发展路径。同时,日本发布《2020 科学技术白皮书》,预测未来具备战略性与决定性的关键新技术,推进工业科技创新的前沿发展。德国发布《国家氢战略》《国家生物经济战略》《研究和创新框架计划 2021—2024》、新版《人工智能战略》等政策文件,加大对重点领域科技创新的投入,旨在占据重点领域科技领先地位,赢得未来关键技术主权。韩国发布《2020 年度科技工作计划》,明确要构建信息共享和全面合作的科研架构,聚焦 5G、人工智能等重点领域,加强相关技术创新力度,并发布《以人工智能强国为目标的人工智能半导体产业发展战略》《材料、零部件、装备 2.0 战略》《5G+战略发展现状及未来计划草案》等文件,为重点领域战略性关键技术的研发提供指引。

二、我国从多方面着手大力推进工业科技创新

2020 年,为加速推动工业恢复生产,有效应对全球竞争格局变化,我国从科技创新体制、产业、研发机构、企业、人才等多方面入手,大力推进工业科技创新。2020 年 1 月初,我国召开全国科技工作会议,指明全年要抓好科技创新工作,重点加强核心技术攻关与基础研究、优化创新基础布局、加快技术成果转化等工作。体制方面,我国发布《关于推广第三批支持创新相关改革举措的通知》《关于构建更加完善的要素市场化配置体制机制的意见》《科技部火炬中心 2020 年促进技术市场发展及科技成果转化工作要点》等多份政策文件,大力实行创新改革,重点破除阻碍科技创新的体制机制障碍,以科学合理的体制机制激发整体创新活力。产业方面,我国发布《关于推动 5G 加快发展的通知》《新时期促进集成电路产业和软件产业高质量发展的若干政策》《新能源汽车产业发展规划(2021—2035 年)》等多份政策文件,聚焦决胜未来的战略性产业,重点发力于核心技术研发与应用,提高全球范围内我国的产业竞争力。研发机构方面,我国发布《关于推进国家技术创新中心建设的总体方案(暂行)》《关于进一步推进高等学校专业化技术转移机构建设发展的实施意见》等多份政策文件,大力推动科研院所、创新中心、新型研发机构等科研机构的建设,全面提高原始创新能力与核心技术攻

2020—2021年中国工业技术创新发展蓝皮书

关能力，加速推进相关技术成果转化产生价值。企业方面，我国发布《关于健全支持中小企业发展制度的若干意见》《关于加快推动国家科技成果转移转化示范区建设发展的通知》《关于开展科技人员服务企业专项行动的通知》等多份政策文件，鼓励企业大力投入技术创新，优化企业技术创新环境，培育高竞争力的创新型企业，发挥企业的技术创新引领作用，建立健全以企业为主体的技术创新体系。人才方面，我国发布《国家技术转移专业人员能力等级培训大纲》《赋予科研人员职务科技成果所有权或长期使用权试点实施方案》等多份政策文件，以重大战略需求为导向，有针对性地培养高技能高创新人才，并激发相关人才的科技创新积极性。

第二节　对策建议

一、完善科技创新体制机制

党的十九届五中全会强调，要把完善科技创新体制机制作为坚持创新驱动发展、全面塑造发展新优势的重要内容。我国需从多方面入手建立科学合理的体制机制，助力工业技术创新在正确的赛道上全面提速。一是强化顶层设计，引领创新发展方向。综合分析国家总体情况与长远需求，确立重大科技战略目标，设置重大科研任务，搭建科技创新平台，建立战略科研体系，统筹规划科技组织、人才、政策等重要条件，优化配置科技创新资源，运用自上而下的模式协调推进科技创新发展。二是提升原始创新能力，提供创新源头支撑。优化财政对科技创新的支持政策，构建稳定支撑基础研究的投入机制；革新科研管理机制，减轻科研人员行政负担；加快重大科技基础设施建设，推进科技创新平台、国家实验室、世界一流科研院所和大学等建设，重点落实基础研究的提质增效，全面加强原始创新能力，增强技术创新源头支撑，摆脱在国际竞争中被技术制约的困境。三是促进产学研用协同创新，提升创新效率与效益。加强科技创新相关金融支撑政策，构建协同创新中心、区域创新联盟、科技成果转移转化平台等创新合作平台，建立健全创新资源合作共享机制，完善技术成果转移转化体系，探索创新人才自由流动的体制机

186

制，推动各创新主体之间深度融合，全面促进产学研用协同创新。

二、加强关键核心技术攻关

关键核心技术缺乏问题目前严重制约着我国经济社会发展，其根本原因是我国关键核心技术攻关能力过于薄弱，"十四五"期间我国需高度重视关键核心技术攻关。一是聚焦重点领域，瞄准战略性需求。围绕国家战略性需求，聚焦 5G、新能源、高端装备制造等重点领域，以重大科学问题为指引，大力实施战略性重大科技项目，加快突破新一代信息技术、新能源技术等战略性前沿技术，强化技术主权以提高国际竞争力。二是建设新型研发机构，打造原创技术策源地。我国需对标国际新型研发机构建设水平，聚焦各大战略性产业，立足各省市实际情况，明确核心技术研发方向，创新运行体制机制，加快推进高水平新型研发机构建设，加速相关技术成果转化，形成高端化的核心竞争力。三是强化企业创新主体地位，有效融合产业链与创新链。我国需坚持以企业为创新主体，支持企业建立研发机构，鼓励企业大力投入技术研发活动，培育高潜力具备自主知识产权的创新型企业，建设共性技术研发与工程化平台，合理运用市场化机制激发企业创新活力，以产业需求引领技术创新加速发展。

三、优化技术创新生态环境

营造良好的技术创新生态环境是我国提高技术创新能力的必经之路。一是完善政策支撑体系，引领技术创新发展。我国需要加强税收优惠政策、财政激励政策等相关政策的支撑力度，促进企业加大科研投入力度，扶持高新技术企业发展；加强针对研发阶段的保障性政策，保护企业不因研发资金负担过重而陷入运营困难的境地；建立健全融资相关引导政策，引导各类金融机构支持技术创新研发活动。二是强化知识产权保护，提升技术创新积极性。我国需要完善知识产权保护体系，建立健全相关法律法规，加强知识产权保护执法力度；推进知识产权服务中心与保护中心建设，加强知识产权相关工作指导，加快知识产权知识的普及；加强重点产业知识产权

海外布局，紧密追踪海外国家知识产权布局情况，为我国企业走出国门保驾护航。三是培育高端创新人才，打造创新人才高地。我国需聚焦战略性产业，加强各大高校内相关重点学科建设，培养国家迫切需求的高端创新人才；完善企业与各大高校间的联合培养机制，充分发挥企业在人才培养上的专业性与引导性，实现理论与实践的真正结合，按需培养高技能、高创造性的专业人才；完善人才福利政策，提高生活保障服务，吸引并留住技术创新高端人才。

第十五章

2021 年中国工业质量发展形势展望

　　2021 年是我国"十四五"规划的开局之年，也是全面建设社会主义现代化国家新征程的开启之年。过去一年，新冠肺炎疫情肆虐，全球经济受到沉重打击，出现大幅衰退，我国工业质量与效率也在短期内受到一定的冲击，但在党中央、国务院的坚强领导下，通过全国人民的共同努力，我国率先实现复工复产，从 2020 年第二季度开始，工业增加值逐季回升。2021 年，随着疫情防控成果进一步显现和工业生产持续恢复，我国工业经济将延续平稳复苏态势，工业质量效益也将持续好转。同时，在"十四五"规划再次提出"深入开展质量提升行动"的背景下，我国工业质量提升行动将继续向纵深发展，成为我国建设制造强国、质量强国的重要抓手之一，推动工业各行业高质量发展。此外，数字经济已成为我国经济增长的核心动力之一，数字经济与工业经济深度融合将成为工业发展的必然趋势，催生新产品、新业态、新模式，带动工业智能化、质量基础设施智慧化发展，从而促进工业质量效益跃升。

第一节　形势判断

一、工业经济延续平稳复苏态势，工业质量效益持续好转

　　2020 年是新中国历史上极不平凡的一年。虽然受到突如其来的新冠肺炎疫情冲击，但我国经济发展经受住了严峻考验，成为全球主要经

济体中唯一实现经济正增长的国家。2020 年，全国规模以上工业增加值比上年增长 2.8%[①]。第一季度，受疫情冲击，我国规模以上工业增加值下降 8.4%。伴随着推动全产业链协同复工复产，着力畅通经济循环，第二、三、四季度，工业增加值逐季回升，分别增长 4.4%、5.8%、7.1%。2020 年，制造业 31 个大类中的 20 个类别增加值实现增长，全年工业产能利用率达到 74.5%。两化融合不断深化，新产业新动能逆势增长。2020 年，装备制造业增加值同比增长 6.6%，高于规模以上工业平均水平 3.8 个百分点。高技术制造业投资增速达到 11.5%，增加值同比增长 7.1%，高于整体工业 4.3 个百分点，工业机器人、新能源汽车、集成电路、微型计算机设备产量增长较快[②]。在 41 个工业大类行业中，26 个行业利润总额同比增加，其中，专用设备制造业利润总额比上年增长 24.4%，计算机、通信和其他电子设备制造业增长 17.2%，纺织业增长 7.9%，电气机械和器材制造业增长 6.0%，农副食品加工业增长 5.9%，汽车制造业增长 4.0%[③]。2021 年，随着疫情防控成果进一步显现和工业生产持续恢复，工业经济将延续平稳复苏态势，工业质量效益也将持续好转。

二、工业质量提升行动纵深开展，推动工业各行业高质量发展

党的十九届五中全会提出，坚定不移建设质量强国，提高经济质量效益和核心竞争力。产业政策方面，2020 年 3 月，工业和信息化部发布了《关于做好 2020 年工业质量品牌建设工作的通知》，指导开展企业质量管理体系升级、先进质量工具方法推广、质量分级评价等工作，推动质量变革，提高制造业质量和效益；各地方也陆续发布了本地区 2020

---

①《2020 年全国规模以上工业增加值比上年增长 2.8%》，新华网客户端，2021 年 1 月 25 日。

②《2020 年规上工业增加值同比增长 2.8%增速逐季回升》，《人民日报》，2021 年 1 月 27 日。

③ 国家统计局：《2020 年全国规模以上工业企业利润增长 4.1%》，2021 年 1 月 27 日。

年质量品牌工作计划，扎实推进工业质量提升行动。活动组织方面，中国质量协会组织开展了第十九届全国质量奖评选活动，评选出 8 个全国质量奖卓越项目奖，7 个全国质量奖个人奖——中国杰出质量人、20 个全国质量奖个人奖——中国质量工匠等，并组织线上线下质量标杆经验交流活动，树立质量标杆，推广质量提升经验。行业质量方面，多个行业质量水平逐年提升。钢材产品实物质量稳定性、可靠性、耐久性持续提升；食品安全问题持续减少，2020 年全国食品安全监督抽检总体合格率为 97.69%；药品质量处于较高水平，安全形势平稳可控。绿色发展方面，随着绿色技术装备供给能力、绿色工艺技术、绿色制造供应商数量的提升，钢铁、石化、陶瓷、纺织等多个行业的绿色制造体系形成规模，绿色产品、绿色工厂、绿色园区不断涌现，工业绿色高质量发展成效显著。综上所述，在《中共中央关于制定国民经济和社会发展第十四个五年规划和二〇三五年远景目标的建议》再次提出"深入开展质量提升行动"的背景下，在我国已取得的工业质量工作成果的基础上，2021 年我国工业质量提升行动将继续向纵深发展，成为我国建设制造强国、质量强国的重要抓手之一，助推工业各行业高质量发展。

三、数字经济蓬勃发展，赋能工业质量效益提升

随着新一轮科技革命和产业变革加剧，云计算、物联网、大数据、人工智能等新一代信息技术加速发展，全球数字经济蓬勃兴起，推动工业向数字化、网络化、智能化转型升级。据统计，2019 年，高收入国家数字经济占 GDP 比重达到 47.9%，其中发达国家这一比例高达 51.3%，美国、德国等国家则超过 60%[1]。当前，数字经济已成为我国经济增长的核心动力之一。"十三五"期间，我国数字经济年均增长 16.6%，对 GDP 增长的贡献率超过 67%[2]，发展水平居世界前列，未来发展空间和

---

[1]《数字经济助推高质量发展》，《光明日报》，2021 年 3 月 9 日。
[2]《2020 年全国规模以上工业增加值比上年增长 2.8%》，新华网客户端，2021 年 1 月 25 日。

潜力都非常大。特别是 2020 年新冠肺炎疫情暴发期间，居家办公、电子商务等数字经济蓬勃发展，对我国工业各领域复工复产发挥了重要支撑作用。质量基础设施建设方面，人工智能、大数据、云计算等新一代信息技术为计量、标准、检验检测、认证认可注入新的发展动能，为企业在研发设计、生产制造、售后服务等各个环节提供质量服务，助力提升企业产品与服务质量。工业质量效益提升方面，数据经济有力推动智能制造、工业互联网、工业机器人等产业发展，实现生产制造各环节实时智能监控，提升工业生产效能，提高产品质量控制和管理水平。党的十九届五中全会明确提出，发展数字经济，推进数字产业化和产业数字化，推动数字经济和实体经济深度融合，打造具有国际竞争力的数字产业集群[①]。综上所述，"十四五"时期，我国数字经济将持续呈现蓬勃发展态势，年均增速将保持在 15%左右。2021 年，数字经济和工业经济进一步深度融合将成为工业发展的必然趋势，催生新产品、新业态、新模式，带动工业智能化、质量基础设施智慧化发展，从而促进工业质量效益跃升。

第二节　对策建议

一、提升企业质量管理意识与能力

　　引导企业开展全面质量管理，以市场为导向，以满足顾客需求为核心，应用卓越绩效、六西格玛管理、精益生产等先进的质量管理方法，提高产品实物质量和服务质量。在鼓励企业考核产品实物质量、服务质量的同时，加强质量过程控制考核。引导企业加强供应链管理，指导和监督供应商的质量、工艺、技术等，从源头有效控制和保障产品质量。支持有条件的大企业牵头建立产业链、供应链质量管理合作机制，带领中小企业共同开展共性质量问题攻关，补齐产业链、供应链质量短板，提升产业链、供应链质量水平，共同应对国内外激烈的竞争环境。此外，

　　[①]《中共中央关于制定国民经济和社会发展第十四个五年规划和二〇三五年远景目标的建议》，2020 年 11 月 3 日。

加大对企业主要负责人、质量管理人员的培训与考核力度，为企业质量体系建设提供人才保障。

二、加强国家质量基础设施建设

计量、标准、检验检测、认证认可是国家质量基础设施的基石，推动其联动发展，形成合力，共同促进工业质量提升。加强在人工智能、工业互联网、车联网等新兴技术领域质量基础设施研究与布局，制定快速响应需求的团体标准，提升计量、检验检测、认证认可能力，助力新兴产业质量提升。打造一批质量基础设施一站式公共服务平台，积极推进质量技术、信息、设备共享，提供质量管理、标准研制、认证认可、知识产权运用等服务，为工业质量效益提升提供有力支撑。推动专业机构加强质量控制和技术评价能力建设，加快国际化发展步伐，跟踪、分析工业领域国际标准、认证、技术法规等方面的最新动向，积极加入国际互认体系，参与和引领国际标准和规则的制定，助力工业质量与国际接轨。

三、提高工业质量数字化管理水平

抓住数字经济发展这一重大机遇，加强数字化质量管理理论研究，加快研发数字化环境下质量控制技术、智能检测技术等新型质量工具和方法。以数字化转型升级为契机，借助人工智能、大数据、虚拟/增强现实等信息技术，实现产品质量提前评估和改进、可视化缺陷检测、在线控制监测，提高全生命周期质量管理数字化水平。加大质量管理数字化在生物医药、电子信息制造、新材料等重点行业的推广力度。鼓励有条件的大企业开展数字化质量管理，带动上下游中小企业质量管理向数字化转型。

四、营造质量提升良好发展环境

进一步贯彻落实党中央、国务院关于质量工作的决策部署，大力实施质量强国战略，加强全面质量管理，指导地方做好区域质量提升计划，支持企业深入实施质量提升行动。完善绿色制造体系，谋划绿色产业发

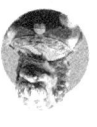

展施工图，进一步打造绿色产品、绿色工厂、绿色供应链等，助力实现碳达峰、碳中和目标。加强质量技术基础攻关，统筹布局检验检测、试验验证、成果转化等公共服务平台建设。支持有关行业协会深度开展群众性质量活动，积极树立质量示范标杆，促进先进质量管理方法交流与应用。营造精益求精的质量文化，树立质量为先的经营理念，大力弘扬工匠精神和企业家精神。

第十六章

2021年中国工业品牌发展形势展望

"十四五"规划纲要中明确提出,要开展中国品牌创建行动,保护发展中华老字号,提升自主品牌影响力和竞争力,率先在化妆品、服装、家纺、电子产品等消费品领域培育一批高端品牌。2021年作为"十四五"规划的开局之年,也是中国深入推进工业品牌建设的重要一年。在加快构建以国内大循环为主体、国内国际双循环相互促进的新发展格局中,以消费品行业等重点行业为突破口,以科技创新和高质量发展为支撑,率先培育中国自主高端品牌的方向更加明确。

第一节 形势判断

一、工业品牌建设方向明确,政策导向细化

经过近几年的持续发展,我国工业品牌已经取得显著成绩,品牌建设工作稳步推进,相关部门的支持政策也更加细化清晰。如工业和信息化部印发的《关于促进制造业产品和服务质量提升的实施意见》(工信部科〔2019〕188号),明确提出要发挥品牌的促进作用,从品牌培育的标准体系、区域品牌宣传推广等维度加强工业品牌建设,提升品牌形象。同时,我国涉及工业品牌细分领域的政策持续推出,如工业和信息化部办公厅印发的《关于做好2021年工业质量品牌建设工作的通知》(工信厅科函〔2021〕48号),明确2021年的品牌工作重点,将深入实施消费品工业"三品"战略,制定了轻工、纺织、电子信息等重点行业的品牌提升计划,通过创新产品、对标达标、质量追溯等途径,发展个

性定制、规模定制、高端定制等模式，来实现产品供给向"产品+服务"转变、向中高端迈进。此外，其他部门也大力推进品牌建设，如中国科协在2020"科创中国"年度工作会议上决定聚焦电子信息、装备制造、生物医药等重点产业领域，发挥创新枢纽城市龙头企业的带动作用，优化创新资源配置，分区域、分行业做好产业链布局设计，培育重点产业集群。2021年，我国的工业品牌建设将呈现分行业、分领域推进的态势。

二、品牌需求强劲，但国内高端品牌供给不足

随着国民收入的持续提高，消费观念变革加速，消费不断升级，我国品牌经济快速发展。例如，2020年"双十一"天猫成交额达4982亿元，同比增长约26%，60%的品牌成交额增速超过上年同期。京东成交额为2715亿元，同比增长约33%，2万余个品牌成交额同比翻倍增长。品牌消费的增长速度远高于总体消费的增长速度，我国作为消费总体规模仅次于美国的第二大消费市场，人均消费额却仅为美国的25%左右。若以美国人均消费水平为标准，我国潜在市场将是美国的4倍左右，其中，对品牌的需求将更大。但是，当前我国大多数产业发展仍被"两头在外"的全球价值链所约束，普遍存在比较优势低、品牌供给明显不足等问题。例如，从全球知名的品牌排行榜看，在Interbrand发布的2020年全球最佳品牌100强中，中国只有华为一家上榜；在WPP旗下调研公司Millward Brown发布的BrandZ™最具价值全球品牌100强中，我国上榜的品牌数量不及美国的1/5。我国品牌供给缺口巨大，很多需求要依靠进口满足。2021年，我国工业品牌的供给将持续优化，不断满足国内的品牌需求。

三、工业品牌发展与新一代信息技术的结合将更加紧密

未来，工业品牌发展将越来越呈现数字化转型的特点。随着物联网、大数据、云计算等新一代信息技术的发展和应用，消费习惯和商业渠道都在重塑。工业品牌在发展过程中将面临传统生产、制造、营销模式的变革，需要积极地顺应这些变化趋势，在品牌打造过程中与信息技术融

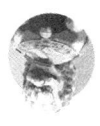

合，进而产生变革。例如，利用信息技术实现生产和流通环节的实时监控和信息反馈；开展线上线下融合等渠道模式创新；通过大数据分析消费者的需求趋势；利用新媒体加快产品信息的传播推广。2021 年，将是我国工业品牌发展与新一代信息技术深度融合的一年。

四、工业品牌发展将更加强调创新的内涵

过去，我国工业发展主要以规模竞争和成本竞争为主要的竞争策略，"中国制造"的品牌形象以"低质低价"为典型特征，导致品牌价值低、市场竞争力不强。其根本原因在于缺乏创新意识，长期以"模仿"为主，而缺乏"原创"。近年来，工业品牌发展越来越强调"创新"元素，包括产品创新、技术创新、商业模式创新等多个方面。例如，近年来各地政府和企业都高度重视工业设计，将其作为提升品牌竞争力的战略工具。在制造业品牌国际化领域，华为、海尔、腾讯等一批领先企业凭借创新进入全球品牌榜单。只有凭借创新才能获得更高的品牌溢价能力、持续的市场竞争能力。因此，在一批领先企业的创新引领之下，2021 年我国工业品牌的发展将更加强调创新的内涵。

五、工业品牌发展将更加依赖所在的产业生态环境

工业品牌的发展不仅涉及企业内部的成长，而且与产业集群的培育和成长密切相关。2020 年，全球公共卫生事件暴发后，与以往仅仅重视效率和质量不同，工业企业的品牌发展与其所处的产业集群、产业链条更加息息相关。必须确保企业所处的产业集群、产业链条的健康发展，才能实现稳定供应，以确保品牌的持续经营。产业集群是企业发展和品牌创建的重要载体，是集成了要素供给、服务体系的生态系统，对大型企业具备带动作用。对于众多企业来说，品牌打造需要投入巨大成本，相比之下，产业集群区域生态环境的优化有利于工业品牌的打造。2021 年，工业品牌发展将更加依赖产业集群生态建设和区域品牌的整体提升。

第二节 对策建议

一、积极顺应大势，把工业品牌建设融入双循环之中

品牌的市场表现是产业竞争力的晴雨表，能反映产业发展的技术、质量、价值等方面的综合状况。以加强品牌建设为重要抓手优化产业供需结构，有助于协同解决国内外双循环中的症结。尤其针对双循环的自主技术缺失的断点、高端供给不足的痛点及品牌信息不对称的堵点问题，要特别发挥品牌效应，大力推进品牌的自主创新、价值提升和品牌宣传等方面的工作。首先，品牌建设要把持续增强自主创新能力放在首位，这也是解决双循环中自主技术断点问题的首选之路。没有掌握关键核心技术的品牌必然受制于人，也不会走远。其次，全面系统重构产业价值链，终极目标是提高品牌价值，增强高端供给能力，全方位、多层次、宽领域协同解决双循环高端供给不足的痛点。最后，加强营销模式创新是加速双循环的重要举措，提高我国工业品牌的知名度和影响力，解决品牌信息不对称这个堵点。

二、持续稳步推进，加强顶层设计与落地政策衔接

2021年初，"十四五"规划纲要和各地政府的工作计划中都明确了品牌建设的方向和目标，继而更重要的工作是将这些政策和指导方案与地方产业、企业进行有效对接。一方面是地方政府工作与中央政策的有效衔接，包括规划、政策、财政等方面内容；另一方面是地方政府工作与产业和企业品牌发展的有效衔接，包括立足当地优势和特色制定地方品牌建设规划，建立促进品牌发展的统筹推进机制，做到明确工作内容、职责分工、工作目标和进度要求，加强规划和政策的落实力度，提高规划和政策的可操作性等。

三、加强重点突破，聚焦关键核心技术和品牌价值以提升品牌核心竞争力

一方面，重点突破关键核心技术，这也是工业品牌建设的"硬核"。要根据各个行业的发展特性及当前行业关键核心技术的发展水平，重新

建设或者整合原有创新平台，以行业共性关键技术为重要突破口，以新产品研发设计为重要目标，加强品牌建设的技术供给和创新动力支撑，完善品牌的供给体系，提升品牌的核心竞争力。另一方面，实施重点工程，逐个击破品牌价值提升难点。具体主要包括质量基础提升和品牌附加值提升，针对行业特性，推进质量提升工程，包括质量检测、标准化、计量、认证认可、检验检测、质量控制和技术评价等基础能力建设；针对企业需求，建设质量管理创新和推广工程，推广卓越绩效、六西格玛、精益生产等先进质量管理方法，引导企业树立质量为先、信誉至上的经营理念，提升品牌质量可靠性和信誉度，夯实品牌价值提升的质量基础。根据品牌价值属性，建设品牌价值培育工程，通过明确品牌设计、品牌定位、品牌文化等培育品牌价值，通过学习交流、品牌大赛、典型示范等模式营造品牌价值提升氛围。

四、创新品牌营销模式，打通品牌信息传播渠道

要根据行业特性创新品牌营销模式，一是规范并推广"直播+工厂"的新兴营销模式，将直播平台与C2M（用户直连制造）、ODM（原始设计制造商）模式的工厂进行有效对接，借助平台流量，使工厂直接触达买家。二是积极推广新零售模式，充分利用移动终端、传感器、社交网络、定位系统和大数据等技术元素与力量，将线上服务、线下体验和现代物流进行整合，彻底打通品牌流通渠道。

五、重视产业生态环境建设，积极打造区域品牌形象

提高产业集群区域品牌意识，充分认识区域品牌战略的重要性。加快5G网络、工业互联网、大数据、人工智能等新型基础设施建设，促进其与工业发展深度融合，培育新产业、新业态、新商业模式，形成新的经济增长点，进一步激发产业集群区域品牌活力，促进区域品牌价值提升。加强诚信体系建设，着力推进区域内工业企业信用和个人信用制度建设，对于区域内侵犯知识产权的行为和制售假冒伪劣产品的工业企业，严惩不贷，营造公平、公正、优胜劣汰的市场环境，依法维护好产业集群区域品牌的公共形象。

后　记

《2020—2021年中国工业技术创新发展蓝皮书》专注于中国工业在技术创新及质量品牌等方面取得的进展与成就，在对工业技术创新最新发展状况、工业技术创新发展政策环境、工业技术创新发展形势科学预判的基础上，历时数月，经多次修订和完善之后完成。本书在研究和编写过程中，得到了工业和信息化部科技司的指导、相关行业专家的帮助，在此一并表示诚挚感谢。

本书由乔标担任主编，何颖、曹方担任副主编。全书的编撰由何颖、曹方负责。同时，全书由综合篇、行业篇、地方篇、政策篇、展望篇共五篇内容组成。

综合篇：张原负责统稿。其中，第一章由张健洲、张百茵、徐爽撰写；第二章由徐爽、张健洲撰写；第三章由李赜撰写。

行业篇：曹方负责统稿。其中，第四章由王凡撰写；第五章由王楠撰写；第六章与第七章由姬少宇撰写。

地方篇：王凡负责统稿。其中，第八章由张百茵撰写；第九章由张健洲撰写；第十章由刘婧撰写；第十一章由王楠撰写。

政策篇：何颖负责统稿。其中，第十二章由张原撰写；第十三章由刘婧撰写。

展望篇：王凡负责统稿。其中，第十四章由张健洲撰写；第十五章由张百茵撰写；第十六章由徐爽撰写。

由于时间仓促，书中难免有疏漏和不妥之处，欢迎并期盼各界专家、学者提出宝贵意见和建议，帮助我们进一步提高研究水平，让"中国工业技术创新发展蓝皮书"逐渐成为客观记录与全面反映我国工业技术创新领域前进步伐的精品专著。